FACULTÉ DE DROIT DE PARIS.

THÈSE

POUR

LE DOCTORAT

PAR

M. ANSELME BATBIE,

AUDITEUR AU CONSEIL D'ÉTAT.

PARIS,

IMPRIMERIE BONAVENTURE ET DUCESSOIS,

Quai des Grands-Augustins, 55.

1850.

FACULTÉ DE DROIT DE PARIS.

THÈSE

POUR

LE DOCTORAT

PAR

M. ANSELME BATBIE,
AUDITEUR AU CONSEIL D'ÉTAT.

Cette Thèse sera soutenue le 23 juillet 1850, à sept heures et demie.

PRÉSIDENT, M. COLMET D'AAGE, Professeur.

SUFFRAGANTS, MM. PERREYVE, PELLAT, Professeurs. VUATRIN, DUVERGER, Suppléants.

PARIS,
IMPRIMERIE BONAVENTURE ET DUCESSOIS,
Quai des Grands-Augustins, 55.

1850.

DE REI VINDICATIONE

Materia quæ tractanda mihi proposita est in quatuor partes dividitur : 1° qualis sit natura rei vindicationis ; 2° quæ res vindicari possint ; 3° cui et adversus quem hæc actio competat ; 4° quæ res in restitutionem veniant. De his vicissim dispiciamus.

Qualis sit natura rei vindicationis.

Donellus his verbis rei vindicationem definivit : « *Rei vindi-* « *catio est in rem actio per quam rem unam aliquam corporalem* « *nostram, tanquam nostram, petimus ab eo qui possidet.*[1] » Ea est natura rei vindicationis, *stricto sensu ;* aliam autem habet significationem latiorem quæ communis est omnibus in rem actionibus, ut apparebit ex lege 1, § 1, ff. *Si pars hæred. petatur* et t. v, lib. VIII[2]. Item, actio quâ rem pignoratam persequimur sæpe *vindicatio pignoris* nuncupatur ; hoc casu autem, vindicatio, sensu proprio, non est ; nam res nobis obligata nostra non est quod, secundum definitionem, insitum est *rei vindicationi*[3]. Sed veteres verbum quod erat commune ad speciem primariam actionis in rem contraxerunt, quod factum est, ut ita dicam, per antonomasiam ; nam verbum unius generis, commune quod erat,

[1] Opera DONELLI, t. V. p. 758.

[2] Loi 1, § 1. *Si pars hæreditatis petatur :* « Ideo sive ex asse hæressit, « totam hæreditatem vindicabit, sive ex parte partem. » Quod ad tit. 5 lib. VIII pertinet, ita conceptus est : « *Si servitus vindicetur.* »

[3] DONELLUS, t. V, p. 761.

uni alicui ex eo genere proprie attributum est, propter excellentiam.

Quæ res vindicari possint.

Omnis res corporalis per rei vindicationem rectè petitur, si extra commercium non sit; nam rationi congruens est, rem quæ in patrimonio nostro esse non potest non deduci in judicium, per actionem quâ intendimus illam nostram esse. Hujusmodi sunt loca sacra, religiosa; nam etsi sepulcra privata et familiaria nostra appellentur, dominio nostro obnoxia esse non possunt, cum res divini juris sint; usus tantum eorum nobis est proprius et, hoc sensu, solummodo, nostra dicuntur[1]. In eâdem causâ sunt liberi nostri; sed quia eos a nobis peti posse expedit, ut retrahantur ad jus et potestatem nostram, utile fuit in eam rem actiones constitui; quatuor modis hoc propositum consequi licet, præjudiciis, interdictis, cognitione prætoriâ et rei vindicatione, adjectâ causâ. Præjudiciis locus est adversus filium ipsum qui se filium esse negat, cum pater filium suum esse contendit. Interdictis petuntur liberi ab alio qui detinet eos; duas species distinguere necesse est : 1° Interdictum *de homine libero exhibendo ;* 2° de *exhibitis ducendis.* Cognitio prætoria usurpatur adversus filium qui fatetur se ex uxore patris natum esse, sed in potestate hujus esse negat ; hoc casu, prætor judicem non dare debet, sed ipse extra ordinem judicat; propterea lis *cognitio prætoria* nuncupatur. Tandem rei vindicatio conceditur si causa adjiciatur. « Si quis enim ita petit filium « suum *ex jure romano* videtur mihi et Pomponius consentire « recte cum egisse. » (Loi 1, § 2, h. t.) Hujus sententiæ ratio latet et multi eam evolvere frustra connisi sunt[2].

[1] CUJACII recit. *in legem*, 23, edit. Fabrotii, 1648, t. IV, p. 299.

[2] PELLAT *de dominio et usufructu*, p. 115 : « Le père pourrait revendiquer « son fils en modifiant l'*intentio* de la formule, en la circonstanciant, en y « exprimant sous quel rapport il affirme que cet homme lui appartient, *nisi « adjectâ causâ quis vindicet*, c'est-à-dire qu'il ne se contentera pas de la « formule ainsi conçue : « *Si paret hunc hominem Auli Agerii esse ex jure « Quiritium,* » ce qui présenterait l'idée que cet homme *est* au demandeur *en « propriété*; il fera mettre : « *Si paret hunc hominem Auli Agerii filium*

In *rei vindicatione* una res vertitur. Si plures petantur, comprehendere eas uno vel plurali, vel collectivo verbo actori non licet; singulas designandas esse constat ut, rectè, vindicentur. Ut puta, armamenta navis multa et varia non possumus ita in judicium deducere : « Armamenta illius navis mea sunt. » Persecutio inutilis foret, si singulæ partes specialiter non designarentur.

Corpora tantum vindicantur; sed tria corporum genera distinguere oportet. Primum, quod uno spiritu continetur et græcè ἡνωμένον vocatur, ut homo, tignum, lapis et alia similia; alterum, quod ex contingentibus, hoc est, pluribus inter se cohærentibus constat, quod συνημμένον vocatur, ut ædificium, navis, armarium (Pomponius Lex, 30 *De usurpationibus et usucapionibus ff.*) ; tertium denique quod ex corporibus distantibus, sed uni nomini subjectis constat; veluti grex, armentum, equitium. Nemo dubitare potest quin primum et secundum genus recte vindicentur; quid de tertio? « Per hanc autem actionem non solum singulæ res vindicabuntur, sed posse etiam gregem vindicari Pomponius, libro lectionum 25, scribit... sufficiet gregem nostrum esse, licet singula capita nostra non sint : grex enim, non singula capita vindicabuntur. » (Loi 1, § 3, h. t.)

« *esse ex jure Quiritium,* » ce qui précisera le rapport qu'il veut faire reconnaître, à savoir qu'un tel *est son fils* selon le droit des *Quirites*, ou bien « qu'il est sous sa puissance. »

DONELLI opera, t. V, p. 809. DE SAVIGNY his verbis utitur : « Voici comment j'explique ce texte difficile. Dans un procès sur la paternité, le *præjudicium,* qui, suivant moi, était toujours *in rem*, pouvait revêtir différentes formes, de même que s'il s'agissait d'une réclamation de propriété. Si l'on choisissait la forme plus solennelle d'une *vindicatio ex jure Quiritium,* la plainte avait une similitude littérale avec la réclomation de propriété, et voilà ce qu'exprime : « Per hanc autem actionem liberæ personæ non petuntur, nisi forte adjectâ causâ *ex jure romano.* » Peut-être employait-on cette forme plus solennelle quand on voulait porter la plainte devant les centumvirs. Néanmoins la *vindicatio* du fils mentionnée ici pouvait se rapporter non à la forme plus solennelle du procès véritable, mais à l'application symbolique de cette forme en matière d'adoption. » (*Traité du Droit romain,* traduit par Guenoux, t. V, p. 23, note m.

Majorem autem numerum in grege necesse est habeamus; hoc modo, recte vindicabimus, eâ lege tamen, ut condemnato possessore in restitutionem non veniant aliena capita. Si duo parem habeant numerum, neuter gregem vindicare potest sive ex asse, sive ex parte; grex enim non est et, per consequentiam, partem gregis esse nullo-modo fieri potest. Quisque igitur singula capita petere debebit. (Loi 2, h. t.)

Peculium est verbum collectivum cui res multæ et variæ subjiciuntur, quodque gregis exemplo persimile videri poterit; cur igitur, dixerit aliquis, non rectè vindicatur? (Loi 56, h. tit.) Corpora tantum per hanc actionem persequimur; incorporalibus rebus aliæ actiones accommodantur; ita, servitutes per *confessoriam et negatoriam;* hæreditas per universalem quæ vocatur : « *Hæredetatis petitio.* » Atqui peculium, non habet naturam corporis; nam ex rebus variis constat, ut puta ex nominibus et corporibus. Propterea, peculium juris universitas vocatur et hæreditati similis est; sed ab eâ differt quod actio universalis hæreditati accommodatur, cum res peculii singulatim vindicandæ sunt [1].

Non solum rem nostram in totum rectè per actionem de quâ tractamus persequimur, sed etiam partem aliquam, dummodo certa sit, quod ad quantitatem spectat; ut pars in hoc judicio versetur, necesse est indivisa sit; nam si divisa esset, non pars sed totum in actionem veniret; assis enim in duas partes divisus duos asses constituit. Aliquando etiam incertæ partis vindicatio conceditur, si justa causa interveniat. Justa autem causa est ubicumque petitor justam ignorantiæ causam habet. Verbi gratiâ, res mea alienæ permixta vel confusa est; hoc casu, actor ignorans quæ qualis et quanta sit res ejus in toto, incertam partem rectè vindicabit [2].

Res communis possidetur a duobus extraneis; ab uno partem meam in solidum petere debeam an partem partis meæ ab utroque? Ab utroque; nam etsi pro indivisa possideant, non tamen unus

[1] PELLAT, *op. cit.* p. 117 et 118.

[2] Lex 3, § 2, h. t. Meum et tuum argentum in massam redactum est, erit nobis commune, et unusquisque pro rata ponderis, quod in massâ habemus, vindicabimus, etsi incutum sit quantum quisque ponderis in massâ habet.

magis quam alter partem meam detinet. Aliter res se habet, cum res communis mihi et Titio ab extraneo et Titio detinetur; tunc enim a non domino partem meam in solidum petere debeo. (Lex 8. h. t.)

Si duæ materiæ, ex voluntate dominorum, confusæ sint, totum commune fit, qualiscumque sit eorum natura, sive confusio proprio sensu, sive permixtio fiat; hoc casu, actio *communi dividundo* utrique dominorum conceditur; si fortuitò, aut voluntate unius, invito altero, coadunentur, interest, an confundantur aut misceantur. Verbi gratiâ, ex meo et tuo argento massa una conflata est; dominium ejus utrique nostrum communicatur et actio communi dividundo conceditur, pro rata ponderis, quod habemus in eâ; hoc exemplum est permixtionis; nam argentum meum et tuum separari nequeunt, dum usque ad minimum contactum partes eorum uniantur; indè sequitur permixtionem materiarum quæ fortuitò accidit, similem esse permixtioni quæ a consensu communi originem ducit; aliquo tamen modo, altera ab aliâ differt. Nam in hâc, per actionem communi dividundo tantum agere licet, cum in illâ, actio communi dividundo et vindicatio concurrant. Contrà si frumentum duorum non voluntate eorum confusum sit, quisque dominium partis suæ servat et vindicare potest; non rectè *communi dividundo* ageretur cum dominium acervi non communicatum sit per confusionem (Leg. 4 et 5, h. t.)[1].

Cui et adversus quem hæc actio competat?

Rei vindicatio competit ei qui aut jure civili aut jure gentium dominium acquisiit, adversùs quemlibet possessorem; de his vicissim tractemus.

Ejusdem rei duo dominium habere possunt; veluti cum alter dominio utili, alter dominio directo fruatur. Verbi gratiâ, venditor qui *rem mancipi*, sine mancipatione, tradidit, dominium

[1] CUJACII opera post. t. IV, p. 252, 253, ad leg. præf.—Secundum Accursii sententiam, lex quinta pugnat cum lege *si alieni* titulo *de solutione*; Cujacius autem evidentissimè demonstravit concordantiam earum.

directum retinet et utile ad emptorem transfert. Simili modo, uxor maritum dotis jure naturali dominum facit, cum ipsa jure civili domina permaneat. Hoc casu, vindicatio utrique dabitur-ne? — Qui strictissimum jus sequi volet affirmativè respondebit. Effectu autem vindicatio alterius inanis erit; nam venditor per exceptionem rei venditæ et traditæ repelli poterit, sicut et mulier per exceptionem rei in dotem datæ[1].

Qui rem persequi potest accessiones omnes simul rectè vindicat. Similiter, hæc actio cessat cum res per coadunationem extinguitur. Si brachium cujus dominium habeo, statuæ alienæ uniatur, vindicare nequibo; nam extinctæ res non vindicantur. Hoc casu, distinguendum est; nam si per applumbationem additum fuit, actio ad exhibendum conceditur brachii domino, ut eximatur a statuâ; applumbata enim facile resolventur, exempto plumbo. Sed si, per ferruminationem, hæserit nec actione ad exhibendum agi poterit, cum ea quæ ferrumine coierunt integra dissolvi non possunt et facillimè abrumpuntur. Igitur vindicatio simpliciter impossibilis erit; contrà si actio ad exhibendum data fuisset, vindicatio esset, separatione facta.

Eodem modo, dominus chartæ in quâ alius scripserit Homeri poëmata chartam et scripturam simul repetet, cum accessio principali cedat. Idem etiam quidam statuendum exestimaverunt quod ad tabulam, ut si quis in eâ imaginem pingat; nam pictura sine tabulâ consistere nequit. Illa sententia procul dubio principiis congruens est; alia autem prævaluit propter imaginis pretium. Quidam juris romani interpretes putant hanc legem non a principiis absonare, cum tabula, pictoris opera, *species nova* fiat quæ ad pristinum statum revocari nequit. Hoc mihi verum[2] non videtur et præcipuè a legis romanæ proposito distans. Idem enim de scripturâ et membranâ rectè diceretur; atqui, eo casu, dominus rei principalis accessionem petere potest.

Ædes quæ solo inædificantur solo cedunt, licet ex alienis tignis exstructæ sint, fundo pereminentiam superficiem trahente. Ergo,

[1] CUJACII oper. post. t. IV, p. 298 et 299.

[2] *Inst.* lib. II, tit 1, § 25.

dominus fundi simul et ædes vindicare poterit, dum tamen pretium fabrorum et materiæ solvat. Distinguendum est, an redemptor bonæ fidei sit, necne. Si sciens rem alienam esse temerè ædificaverit, tignum donasse censetur; contra si bonâ fide, dominum fundi ædes vindicantem per exceptionem doli mali repellet, donec fabros et cæmenta solvat. Exceptio autem solummodo ei conceditur; igitur si possessionem amisit, detrimento illius dominus fundi locupletior fiet. Contingere etiam potest ut dominus ipse fundi ex alienâ materiâ solo suo domum inædificet; quo casu, alicui videri poterit principiis congruens actionem ad exhibendum dari ut separatio fiat et rei vindicatio resurgat. Lex autem duodecim tabularum aliam secuta est normam et, ne urbium aspectus ruinis deformetur, solummodo actionem *de tigno juncto* instituit, quâ cæmentorum dominus in duplum agere poterit. Corruente posteà ædificio, vindicatio dabitur dummodò pretium cæmentorum per actionem de *tignô juncto* jam non obtinuerit.

Fingamus hanc domum ex cæmentis meis ædificatam bonæ fidei emptori tradi et deinde, viginti annis aut triginta revolutis a die venditionis, corruere, an rectè vindicare cæmenta mea potero?— Prorsùs. Emptor enim tantum ædes usucepit, non singula tigna, cum domum ut universitatem, uno spiritu comprehensam, possideat.

Notandum est, his variis exemplis, actionem ad exhibendum dari licet separatio impossibilis sit adversùs eum qui sciens alienâ materiâ usus fuerit. Verbi gratiâ, cum dominus fundi alienum tignum domui suæ junxit, actio non est ut separatio fiat. Sed si coadunatio malâ fide facta sit actio ad exhibendum conceditur, non ut separatio fiat cum a lege prohibeatur, sed in id quod interest quasi dolo desierit dominus fundi cæmenta possidere. In nescientem autem non rectè hoc modo ageretur [1].

Rei vindicatio competit adversus quemlibet possessorem, sive civilis, sive naturalis sit. Civilis dicitur possessor qui animo habendi sibi rem detinet et interdicta *uti possidetis* vel *utrubi*

[1] L. 23. h. t. conf. articulum 566 Codicis Gallici. In eo differt Jus Romanum a nostro.

invocare potest. Naturalis autem est qui rem corpore non animo habet; veluti fructuarius, conductor, cui commodata aut apud quem deposita est. Omnes hi precariò possident et natura tituli eorum cum animo sibi acquirendi pugnat. Nihilominùs ab eis vindicare possum : ubi enim probavi rem meam esse, necesse habebit possessor restituere. Hæc sententia non sine disputatione quâdam prævaluit; nam Pegasus et alii jurisperiti putaverant hanc actionem complecti solummodò possessionem quæ in interdictis possessoriis locum habet et consequenter non dari adversùs eum qui rem depositam, commodatam, conductam recepit, aut qui legatorum servandorum causâ in possessione est, vel cui damni infecti nomine non cavebatur. Secundùm autem hanc sententiam, a fructuario vindicare licuisset, simul ac ab eo qui precariò rogavit. Hi enim naturaliter possident et interdictis uti possunt; nam dominus possessionem suam eis cessit. Hoc variis legibus specialiter constitutum est[1]. Depositarius, commodatarius et cæteri, non propriè possident sed alii per eos et tantum in possessione sunt[2]. Sensu autem lato, possidere dicuntur qui tenent et habent restituendi facultatem.

Qui pro aliis possident, ad avertendam rei vindicationem, possunt dominum denuntiare quod, in legibus, *autoris nominatio* seu domini *laudatio* vocatur. Si noluerit hoc modo actorem demittere, pro ficto possessore qui se liti obtulit haberetur et, eo nomine, damnaretur. Idem dicendum est de eo qui dolo desiit rem possidere aut noluit possessionem admittere, ut vindicatio adversùs eum non fieret; nam dolus pro possessione est.

[1] L. 1, § 4. *De acquirendâ possessione* ff. L. 1, § 9 *uti possidetis*, ff. L. 3, § 8, et L. 4, Cod. tit.

[2] DE SAVIGNY *in tractatu de possessione* tria possessionis genera distinguit 1° naturalis; 2° possessio ad interdicta; 3° possessio ad usucapionem. Vide etiam MACKELDEY, p. 125. *Possessio naturalis* sæpè in legibus his verbis designatur *tenere*, *corporaliter possidere*, *esse in possessione*. Possessio ad interdicta simpliciter *possessio* vocatur et possessio ad usucapionem sola *civilis* nuncupatur. Qui ad usucapionem possidet et interdictis uti potest. Nihilominus aliquandò interdictum alio datur, quod evenit in pignoris casu fr. 16. D. XLI, t. 3. (DE SAVIGNY, op. cit. § 7 et 10.)

Quis autem videtur se liti obtulisse videamus. Is pro ficto possessore habetur qui patitur secum litem contestari non qui, antequam lis contestatione formaretur, negavit se possidere; hic enim non incohavit litem cujus contestatio initium est, et actor se deceptum fuisse asserere nequit. Distinguendum tamen esse puto, an qui vindicat reum non possidere sciverit, nec ne. Nam si probetur actorem scisse eum non possidere, qui se liti obtulit absolvendus, quia non decipit actorem. Lex autem 27, h. t. a tali distinctione absonans alicui videri poterit : « Sin autem, cum a « Titio petere vellem, aliquis se dixerit possidere et ideò se liti « obtulit : et hoc ipsum in re agendâ testatione probavero, omni « modo condemnandus est. » Hoc casu, cessat superior distinctio, quia fictus possessor diligentiam adhibuit ut me ad se traheret, dum vellem cum vero possessore agere.

Quid eveniet autem, si is qui se liti obtulit damnatus sit? Nihilominùs a vero possessore rectè petere mihi licebit. Quas igitur condemnationes obtinebo? alteram in id quod interest, alteram ut restitutio fiat. Quod autem dicitur *non bis idem exigi* posse non obstat; hoc enim solummodò verum est, cum ab eodem bis idem petitur. Exempla huic similia profectò non desunt. Finge enim, quemdam in judicio interrogatum servum meum se occidisse confiteri; actio legis Aquiliæ mihi cum eo erit; si ex suâ confessione condemnetur, non liberabitur qui verè servum occidit; unus igitur ex confessione, alter et delicto tenebitur. Quod si judex fictum possessorem absolvat, quæcunque sit absolutionis ratio, actio de dolo adversùs reum competet; nam actio de dolo datur ubi alia non superest.[1]

Reus possidere debet utique et litis contestatæ tempore et quo res judicatur. Igitur si, litis contestationis tempore, possedit, cum autem causa judicatur sine dolo malo possessionem amisit, absolvendus est. Aliter res se haberet si dolo malo possidere desiisset;

[1] MACKELDEY, p. 149, § 269 et p. 127, § 219.—Fr. 7, 9, 25, 26, 27. H. t. fr. 13, § 13, D. V, 3.—Fr. 5. Pr. § 3, Dig. XII, 3.—Fr. 95, § 9, Dig. XLVI, 3. Const. 2, C. III, 19. CUJACII opera post. t. 4, p. 261, 296, 306, 307, 308, 309, 310, 311, 312.

ficta enim possessio quæ a dolo descendit pro verâ tenetur et verè dicitur, reum possidere contestationis et sententiæ tempore. Inelegans autem videri poterit quod infra dicitur: « Item si « litis contestatæ tempore non possedit, tempore autem quo judi- « catur possidet, probanda, est Proculi sententia, ut omni modo « condemnetur. » Ergo dixerit aliquis non est necesse ut reus, tempore contestationis et condemnationis possideat; sufficit, tempore quo judicatur eum rem habere. Hæc anomalia non mihi videtur satis accuratè enucleatam fuisse. Explosio ejus tamen facillima erat. Qui enim judicium accepit pro possessore se gessit; et ita, tempore litis contestatæ, fictus possessor fuit. Sane et si possessionem non recuperasset condemnatus fuisset in id quod interest; non verò ut restitueret quod non habuisset.

Quæ res in restitutionem veniant.

Res vindicata restitui debet cum omni causa; accessio igitur quæ rei principali adjecta est cum ea reddetur. Fructus autem percepti aut percipiendi, ante litem contestatam, non veniunt in restitutionem, nisi petiti sint specialiter. Ante litem contestatam fructus percepti a possessore bonæ fidei rectè exigi possunt; fructus autem percipiendi solummodò a possessore malæ fidei repetuntur. Post autem litis contestationem, distinctio superior cessat, cum omnis possessor, judicio accepto, necessariò malæ fidei sit; nam qui nesciens principio rei incubavit, actione monitus, nequivit in bonâ fide permanere. Notandum tamen est fructus qui, post judicium inceptum, colliguntur in restitutionem veniunt ex judicis officio licet præteriti sint. Quod ad fructus perceptos attinet, parum refert an honestè percepti sint necne. Ideò si possessor domum alienam quam possidebat locaverit Lenoni, merces ea non acquiritur honestè sed æstimabitur officio judicis; omne lucrum enim possessori malæ fidei auferendum est. Non idem dici potest

[1] CUJACII op. t. IV, p. 307. Ad. § *Possidere.*

de fructibus percipiendis qui in æstimationem non veniunt si inhonestè[1] colligendi fuerunt.

Interpretes juris romani adhuc disputant, alii asserentes possessorem bonæ fidei fructus naturales adquirere, alii negantes. §35, *de divisione rerum* inst., lib. II, tit. 1 dicit eos fructus *curæ* et *industriæ*, ut ita dicam, mercedem esse; ad eamdem sententiam perducit, l. 45 *de usuris*. His argumentis autem opponitur lex 48 de *acquirendo rerum dominio*, ex quâ : « Bonæ fidei « emptor percipiendo fructus etiam ex alienâ re, suos interim fa« cit non solum eos, qui diligentiâ et operâ ejus pervenerunt, sed « omnes : quia quod ad fructus attinet, loco domini est. »

Non mihi videtur probanda distinctio ab Accursio primum introducta et a Cujacio accepta : « De consumptis, ait Cujacius, « non tenetur bonæ fidei possessor condictione; sed addit Accur« sius exceptionem, nisi tantumdem de suo erogaturus fuerit, etsi « bona illa non possedisset; quia in eo videtur locupletior factus « quam comparsit rei suæ; vera est exceptio[2]. » — Principium hujus materiæ in eo consistit, quod bonæ fidei possessor, pro domino habetur, hoc in leg. 48 de *adq. rer. dom.* statuitur expressis verbis; fatetur cæterum Cujacius cum supra dicit : « Bonæ « fidei possessor comparatur domino, in percipiendis fructibus[3]. » Ergo, cum principium purum et simplex sit, distinctionem non recipit.

De Publicianâ in rem actione.

Qui nondùm usucepit, quamvis sit in causa usucapiendi, vin-

[1] A lege 33, h. t. HALOANDER verbum *honestè* detraxit. Rectè autem Basilica eum retinuerunt *οἱ δυνάμενοι λεφθῆναι εὐπρεπῶς*, in Florent. etiam servatum est.— Vid. MACKELDEY, p. 150, § 259. Const. 22, c. III, 32.

[2] T. IV, p. 325.

[3] *Ibid.* p. 324. PELLAT existimat falsam esse distinctionem inter fructus consumptos et fructus exstantes, cum solummodò a prudentibus fructus percepti a pendentibus segregentur. Hanc sententiam in publicâ recitatione collegi.

dicare non potest; nam dominus non est rei quam possidebat anteà. Iniquum tamen esset anteferre ei possessorem qui sine titulo rem habet et brevi tempore eam occupavit. Prætores igitur, non sine emendatione hanc iniquitatem prætermiserunt et propterea Publicianam actionem introduxerunt quæ ita nuncupatur a nomine Publicii prætoris, circa Ciceronis tempora [1].

Fingitur, in actione Publicianâ, eum qui non usucepit, jam usucepisse et domini instar esse. Fictitia igitur est hæc actio; utilis etiam, sensu lato, appellari potest; nam ità nuncupatur omnis actio quæ a jure civili per consequentiam aut per assimilationem, descendit [2]. Hoc modo, rectè petuntur omnes res quæ habiles ad usucapionem sunt; indè sequitur *res furtivas aut vi possessas* Publicianam actionem non amplecti. Idem dicendum est de eis quæ sunt extra patrimonium nostrum, ut puta religiosis, sacris et sanctis locis.

Actio Publiciana cuicumque est in causâ usucapiendi competit. Necesse est enim eum qui agit justum titulum possessionem et fidem habere. Igitur non competit fructuario cui solummodo per interdicta rem persequi licet, nec conductori, nec cuilibet alio rem corpore non animo possidenti. « *Si quis*, aiebat præ« tor, *id quod traditur ex justâ causâ, non a domino, et non*« *dum usucaptum petet, judicium dabo.* » Notandum est primum edictum de eo quod plerumque fit statuisse: traditio enim est species alienationis frequentior et plenior, cum res omnes amplectatur. Cæteræ species sunt angustiores et strictiores. Procul dubiò autem est omnem acquirendi *modum* in hac actione admitti [3].

Adversùs quemcumque possessorem actio Publiciana conceditur; ut, in rei vindicatione, sufficit eum qui convenitur restituere posse. Parùm refert igitur, reum possessionem ad interdicta habere aut solummodò in possessione esse. Quid juris autem si is ad-

[1] Cic. pro Cluentio, 45.

[2] Gaius IV, § 36 et 37 : « SI QUEM HOMINEM AULUS AGERIUS EMIT... EI TRADITUS EST, ANNO POSSEDISSET. »

[3] L. 1 hoc tit. § 1, 2, 3, 4, 5, 6. Cujacii op. t. IV, p. 364.—Qui vindicationem habet, Publicianâ uti potest, cum faciliùs sit possessionem suam quam dominium probare.

versùs quem agitur et ipse titulatam possessionem habeat? Fingamus, verbi gratiâ, duobus rem eamdem venditam esse et traditione alteri facta, alterum eam occupare. Neratius respondebat meliorem esse possidentis conditionem, dummodò uterque a non domino rem receperit. Julianus autem putabat distinguendum esse, « ut si quidem ab eodem non domino emerint, potior « sit cui priori res tradita est : quod si a diversis non dominis, « melior causa sit possidentis, quam petentis. » Hæc sententia mihi probatam esse videtur. Nam Ulpianus eam sequutus est et Paulus simili modo respondit in lege. 14, *qui potiores in pignore :* « Si non dominus duobus eamdem rem diversis temporibus « pigneraverit, prior potior est : quamvis si a diversis non domi- « nis pignus accipiamus possessor melior sit. » Nec obstat lex 125 de regulis juris; nam generali per speciem derogari constat[1].

Non datur autem Publiciana actio adversùs eum qui exceptionem justi dominii objicere potest; non enim ideò comparata est ut res domino auferatur, sed ut is qui bonâ fide emit potiùs rem habeat[2]. Certis tamen casibus, adversùs dominum rectè per eam agitur. Finge : rem emi a non domino et posteà a domino conventus absolvor per errorem judicis; nihilominùs proprietas apud reum manet. Si ad dominum in vindicatione victum, posteà possessio pervenerit, Publiciana mihi actio competet, si nondùm usucepi[3].

Quod ad res quæ in restitutionem veniunt, idem dicendum est ac in rei vindicatione. Actor igitur rem cum omni causâ petere potest et fructus, secundùm distinctiones quæ suprà discretæ fuerunt : « In Publicianâ actione omnia eadem erunt quæ et in « rei vindicatione diximus[4] »

[1] ETIENNE, t. II, p. 419. Neratii sententiam sequutus est.

[2] Leg. 16 et 17. *Hoc titulo*

[3] CUJACII op. t. IV, p. 464-366. (L. 24, *de exceptione rei judicatæ*. L. 28, *de nox. act.*)

[4] Lex, 7, § 8. *De Publ. act.*—MACKELDEY, p. 1, § 270.

THESES

I. In jure Romano non puto *accessionem* pro acquirendi modo haberi.

II. Qui temerè solo meo inædificavit materiam petere potest, si ædificium dissolutum fuerit.(L. 2, Codic. *de rei vindic.* L. 49, ff. *de neg. gesto.*)

III. Possessorem bonæ fidei puto fructus qui sine culturâ et curâ nascuntur suos facere. (Inst. L. II, tit. I, § 35.—ff. L. 48, pr. *de acquir, rerum dominio.*—L. 45 *de usuris.*—L. 22, Codic. *de rei vindicatione.*)

IV. Possessorem qui a non domino emit si malâ fide sit ad restitutionem fructuum qui inhonestè percepti sunt teneri puto. (L. 33, ff. *de rei vindicatione.*)

V. Quid juris, si res eadem alteri vendita et tradita, ab altero occupatur?—Cui Publiciana actio competet?—Distinguendum puto secundùm Juliani sententiam. (L. 9, § 4 *de Publici.*—L. 19, tit. 1, lex 31.)

VI. Pictorem qui in alienâ tabulâ imaginem pinxit dominum tabulæ fieri existimo. (Instit. Lib. II, tit. I, § 34 ; L. 9, § 2, *de acquir. rerum dominio.* L. 23 *de rei vindicatione.*)

VII. Rei vindicatio competebat-ne olim ei qui dominium ex *modo juris gentium acquisierat?* Procul dubio. (Lex. 23, pr. ff. *de rei vindicatione.*)

VIII. Quomodo interpretanda est lex 80 *de rei vindicatione?*

IX. Quomodo solvitur antinomia inter legem 7, § 2 *de Publicianâ in rem actione* et legem 2, § 16, *pro emptore?*

X. Cur bona fides necessaria est ad Publicianam obtinendam, tempore emptionis et traditionis, cum in stipulationibus traditionis tempore sufficiat?

DU DROIT DE PROPRIÉTÉ

ET

DE L'ACTION EN REVENDICATION

Notion économique du droit de propriété.

La propriété est-elle de droit naturel ou de droit civil? Le législateur a-t-il sur elle un droit souverain ou est-elle une institution préexistante et supérieure à la loi? Ces questions, qui se débattaient autrefois avec le calme des querelles scientifiques, sont devenues le champ de bataille des partis, et il est difficile, quand on les traite, de se séparer des passions qu'elles soulèvent; néanmoins, je m'efforcerai de leur conserver le caractère qui convient à une dissertation philosophique.

On a successivement cherché l'origine de ce droit dans l'occupation et la maxime : « *Res cedit primo occupanti* », le travail, la prescription et le respect dû à la personnalité humaine. L'occupation et la prescription nous viennent des jurisconsultes; le travail, de la plupart des philosophes; et le quatrième système est dû à M. Cousin.

L'occupation s'opère au moyen d'un pur fait, susceptible d'être détruit par un fait contraire; dans ce système, que pourrait répondre le propriétaire à l'envahisseur venant prendre possession pour se créer un droit égal au sien? Sans doute, il aurait la faculté de le traiter en ennemi et de le repousser par la force; mais le droit alors dépendrait du succès et serait l'apanage du plus fort. Il est évident, par ce qui précède, que la prescription n'est pas un fondement plus solide; car, elle suppose la possession continuée pendant un temps déterminé; or, si la possession en soi est impuissante à fonder le droit de propriété, il n'en saurait être autrement de la possession successive. D'ailleurs, comment le temps nécessaire à la prescription est-il fixé? Par une loi œuvre du législateur d'aujourd'hui, que chassera le législateur de demain, en sorte que la prescription n'offrirait à la propriété d'autre fondement que la pensée fragile des gouvernements.

Le travail est, de tous les systèmes, celui qui a le plus longtemps résisté. Mais il lui a été objecté que la mise en œuvre suppose l'occupation, c'est-à-dire qu'il est vicié à son origine par l'usurpation. Vainement le travailleur objecterait-il que la société lui doit une reconnaissance éternelle, pour avoir façonné la matière et jeté un élément nouveau dans la richesse sociale ; car, d'autres pourraient répondre : « Nous ne demandons qu'à acquérir des titres à la reconnaissance publique dont vous faites le monopole, et nous y aurions, comme vous, droit aujourd'hui, si vous ne nous aviez enlevé les moyens d'y arriver. »

D'après M. Cousin, l'homme qui crée une valeur lui communique le caractère de sa personnalité. Qu'est-ce qu'une tragédie de Corneille, un opéra de Rossini, sinon la personnalité de ces hommes manifestée à l'extérieur, et, pour ainsi dire, la continuation de leur âme. Cela est vrai des produits matériels, quoiqu'ils soient moins personnels que les autres. Si j'osais employer une expression allemande, je dirais que le produit n'est que l'homme objectivé. Eh bien! si la personnalité humaine doit être respectée, ce n'est pas seulement dans le sanctuaire psychologique où s'accomplissent les phénomènes intérieurs, mais aussi dans ses manifestations extérieures ; ne pas respecter celles-ci, c'est ne pas la respecter elle-même : « Ma liberté, dit M. Cousin, pour agir au dehors, a besoin soit d'un théâtre, soit d'une matière, en d'autres termes, d'une propriété ou d'une chose. Cette chose ou cette propriété participent donc naturellement à l'inviolabilité de ma personne[1]. » M. Cousin reconnaît plus bas qu'il ne suffit pas d'avoir le droit, de travailler, de posséder, « il faut encore, dit-il, que j'occupe le premier la propriété. » Ainsi, nous retombons dans la possession et cette analyse ne nous a conduits à rien[2].

[1] *Philosophie morale*, t. I, p. 15.

[2] Voici comment M. PROUDHON répond à M. COUSIN : « Eh bien, n'est-il

Dans son dernier ouvrage, M. Frédéric Bastiat a donné du droit de propriété la théorie suivante[1] : — L'*utilité* doit être distinguée de la *valeur* avec le plus grand soin. La première de ces qualités vient de la nature, la seconde des efforts, de l'industrie de l'homme. Ainsi, l'air a une incontestable utilité, mais sa valeur est nulle, car il se donne à chacun sans effort, sans travail. Il en est de même de la terre; quand elle est encore vierge de culture, elle a de l'utilité, mais elle est dépourvue de valeur ; elle s'offre à celui qui se présente pour la cultiver, et celui-ci peut s'en emparer sans dépouiller personne. Il occupe, en effet, une chose sans valeur, et sa mise en possession ne saurait être illégitime puisqu'elle ne s'effectue au détriment d'aucun autre. Ainsi, la maxime *Res cedit occupanti* trouverait un point d'appui économique. Le chef de l'école économique met dans cette distinction le dernier espoir des propriétaires. S'il en était ainsi, ils n'auraient, je crois, qu'à obéir à la terrible sommation qui leur a été adressée dans ces derniers temps. Cette ingénieuse analyse ne fournit pas au propriétaire le moyen de répondre à ce raisonnement. C'est avec une chose utile que vous avez créé de la valeur. Or, de quelle autorité avez-vous tiré le pouvoir de prendre une part supérieure à celle du voisin dans l'étendue restreinte de la terre ? Sans doute si le sol était indéfini comme l'air, s'il s'offrait sans limite, aucun compte ne vous serait demandé ; mais n'est-il pas vrai que la valeur n'a pu être créée sans une occupation préalable, et que, dès-lors, nous retombons dans des théories déjà réfutées ? Les idées abstraites d'*utilité* et de *valeur* ne doivent pas nous illusionner ; elles couvrent d'un vernis économique la vieille théorie de l'occupation.

Comment se fait-il donc que la propriété ait été absoute par les générations ? La nécessité l'a défendue : c'est là toute sa justification.

« pas vrai, au point de vue de M Cousin, que si la liberté de l'homme est « sainte, elle est sainte au même titre chez tous les individus. ... et n'en faut-« il pas conclure que toutes les fois qu'il naît une personne douée de liberté « il faut que les autres se serrent ? » (*Qu'est-ce que la propriété ?*) p. 52.

[1] *Les Harmonies économiques*, p. 297.

Remarquez d'ailleurs que la nécessité n'est pas exclusive de la justice; car elle résulte des lois sociales, et rien de ce qui est conforme à ces lois ne peut être marqué du sceau de l'injustice, puisqu'elles viennent de Dieu.

Bannissons les illusions et consentons à voir la réalité, quelque misérable qu'elle soit. La force productive de la terre est limitée, et quoique elle n'ait pas atteint son dernier degré, nul ne peut méconnaître qu'elle aura son terme. L'accroissement de la population au contraire est illimité, ou du moins il se développe dans une proportion plus grande que la fertilité de la terre. C'est vainement qu'on a cherché à voiler cette sombre réalité et à faire du nom de Malthus une cruelle injure; la loi formulée par cet économiste est d'une incontestable vérité : « La population augmente dans une progression géométrique et la fertilité de la terre ne répond que par une progression arithmétique. » Il peut donc arriver un instant dans la vie de l'humanité où les hommes ressembleront à des voyageurs pressés sur un navire sans vivres, et le globe à une vaste Irlande. Si la progression déterminée par l'auteur du *Principe de la population* se développe sans entraves, ce jour ne se fera pas longtemps attendre, et des générations peu éloignées de nous seront condamnées à le voir.

Les adversaires de la propriété espèrent conjurer cette vérité, en substituant l'intérêt collectif à l'intérêt privé; que les fruits de la terre soient à tout le monde et la propriété à personne, et l'on verra disparaître ces parcs, ces jardins que le plaisir se décerne aux dépens du prolétaire; les haies élevées par la défiance deviendront inutiles, et la surface fertile s'accroîtra par leur destruction; d'une autre part, les efforts ajoutés aux efforts, marchant dans un but commun, multiplieront la fécondité de la terre, et toutes les forces étant utilisées, la crainte de la misère deviendra chimérique.

L'effet produit par ce changement serait, à mon sens, diamétralement opposé à l'effet attendu. L'intérêt collectif n'est et ne sera jamais qu'une abstraction dont l'impulsion est presque nulle ; peut-être quelques natures d'élite se passionneraient au travail, sous l'influence de ce mobile; mais qu'est-il besoin de créer pour elles une organisation nouvelle? leur dévouement ne s'exercerait-il pas dans tous les milieux? — Aussi, dans toutes les doctrines trouvons-nous, à côté de l'intérêt général, un autre élément, un sentiment ou une pénalité. Pour les uns c'est un *point d'honneur* et un *poteau*; pour les autres l'*attraction du travail*; pour un troisième la *fraternité*; pour un dernier l'*amour*. Dans une seule école nous ne trouvons rien de semblable, c'est celle de M. Proudhon; aussi ce réformateur n'est-il pas d'avis de substituer l'intérêt collectif à l'intérêt privé, et son expédition contre la propriété s'est-elle réduite aux proportions d'une escarmouche contre l'intérêt et la rente. Le *travail attrayant* ne pouvait être, pour son esprit, qu'une invention contraire à l'observation psychologique; le *point d'honneur*, qu'un souvenir du collége inapplicable à des hommes libres; la *fraternité* et *l'amour* qu'une aspiration mystique incapable d'être le point d'appui d'une société. Aussi a-t-il proclamé hautement le principe de la spontanéité individuelle, et mérité le reproche de l'avoir exagéré outre mesure[1]. Je considère donc le régime de communauté comme devant amener la diminution des produits.

[1] Dans la déclaration qu'il a placée en tête des *Statuts de la Banque du Peuple*, M. Proudhon a déclaré que toute son œuvre révolutionnaire se trouvait dans le principe de cette institution. Ce principe est exposé dans la réponse qu'il a faite au Rapport de M. Thiers, sur sa proposition à l'Assemblée constituante; il se réduit aux termes suivants : La production est bornée par les besoins de la consommation; si celle-ci est limitée, c'est que chacun ne peut pas, en produisant suivant son désir, se procurer les moyens d'acheter. Donc, en lui créant la faculté de produire autant qu'il le voudra, on lui aura fourni celle de consommer dans la même mesure. Telle est l'origine de ces 75 fr. par jour et par tête qui excitèrent tant l'hilarité. Le moyen d'obtenir ce résultat consisterait à créer une banque où chacun pourrait aller déposer ses produits en échange de billets de circulation, espèce de papier-monnaie, dont l'émission serait limitée par les dépôts. Le producteur n'aurait donc pas à s'inquiéter des acheteurs, qui ne peuvent lui manquer, et comme le débouché serait immense, la production serait indéfinie. Ce principe simple et séduisant ne saurait résister à un instant de réflexion. En effet, il y a une foule de produits qui ne peuvent être déposés et qui se trouveraient exclus du marché. Est-ce qu'un avocat pourrait y aller déposer une plaidoirie, un médecin son ordonnance, un voiturier son voyage?

Sans doute, des terrains considérables demeurent en friche au profit du plaisir; il ne m'est pas bien démontré que ce soit au détriment du malheur; car notre pays produit actuellement la quantité de denrées qui est nécessaire à la subsistance de sa population. Lorsque le chiffre augmentera, la quantité de terres incultes s'amoindrira insensiblement par l'effet de la loi de l'intérêt privé. Remarquons, en effet, que le grief contre la propriété devient tous les jours moins considérable par le résultat de nos lois sur les successions. Le morcellement oblige, chaque jour, tout individu à réduire son superflu; nous verrons ultérieurement que ce caractère de notre loi civile a eu des effets nuisibles; mais l'inconvénient ne consiste que dans la division de la culture et de l'exploitation; le morcellement des intérêts, au contraire, est un bienfait incontestable de notre révolution. Par malheur, à côté du bien le mal s'est rencontré; mais le rapprochement volontaire des individus peut amener une conciliation précieuse entre le fractionnement des intérêts et les avantages de la grande exploitation[1].

Il ne faut pas conclure, de ce qui précède, que la propriété n'est

Un porteur d'eau pourrait-il aller chez le banquier déposer des voies d'eau qui n'ont d'utilité qu'autant qu'on les rapproche du consommateur? Ainsi ce projet d'organisation générale laisserait en dehors du marché une grande quantité de produits. D'ailleurs, les produits ayant tous la certitude d'être écoulés, les industries faciles attireraient les travailleurs, et la désertion des travaux pénibles serait inévitable. Il en résulterait un encombrement de produits inutiles, et cette injustice odieuse que les efforts faciles seraient plus récompensés que les efforts les plus laborieux. Cette théorie a été d'ailleurs pratiquée dans la mesure du possible, et les *warrants* n'en sont qu'une application. M. Proudhon, honteux de cette mesquine origine, a introduit dans l'acte de société un article pour dire qu'il n'y avait *rien* de commun entre son système et cette institution.

[1] « Vous m'acculez, dit M. Frédéric Bastiat, à l'époque où les hommes ont « trouvé la limite de la fertilité de la terre.—Il n'y a plus rien à attendre de « ce côté-là. Il faut nécessairement que la population s'arrête. Aucun régime « économique ne peut l'affranchir de cette nécessité. Il n'y a pas de philan- « thropie, quelque optimiste qu'elle soit, qui aille jusqu'à prétendre que le « nombre des êtres humains peut continuer sa progression quand l'augmenta- « tion des subsistances a fini la sienne. » (*Harmonies économiques*, p. 377.)

pas de droit naturel. Sans doute, ce n'est pas un droit qui existe dans l'état extrasocial que Rousseau appelle état de nature; il ne peut se conserver qu'avec une société organisée et comme condition de son existence; mais négligeons cette situation imaginaire, pour nous attacher au sens des mots. La propriété est un droit naturel; car il n'est pas de ceux que la loi peut créer et défaire, sans heurter les règles qui président à la gravitation des sociétés. C'est un droit naturel; car, en son absence, la société s'éteindrait, par la langueur du travail et la dissolution des forces qui lui donnent le mouvement. La propriété n'est donc pas un bienfait de la loi sujet à révocation, et si, par une injustice, les noms des propriétaires venaient à être changés, le principe survivrait à la déchéance de ceux qu'il protége, et demeurerait supérieur à toute volonté humaine.

Les conditions d'exercice de la propriété sont, au contraire, dans le domaine de la loi positive; aussi, pour ne parler que de la propriété immobilière, ont-elles été déterminées d'une manière diverse, suivant les temps, et l'on discute encore aujourd'hui pour savoir quel est le système le plus favorable à une bonne culture. Avant 1789, la grande propriété était maintenue par un système d'institutions dont l'origine se cachait dans la nuit féodale, et que la révolution emporta dans la chute de la vieille organisation. La législation intermédiaire, par l'abolition des substitutions des majorats et par la représentation en ligne collatérale, à l'infini, mit la petite culture à la place de la grande exploitation. Ce changement a-t-il été favorable à l'augmentation des produits? Les chiffres se combattent, et il me serait difficile de donner sur ce point une réponse bien ferme. Ceux qui pensent que la grande exploitation est préférable[1] cherchent à la ressusciter par des

[1] MM. MONNIER et RUBICHON affirment qu'un champ qui rendait dix avant 1789 ne rend plus que quatre. A Paris, on mange moins de viande qu'avant notre révolution. Ainsi, d'après les calculs de Lavoisier, la consommation de la viande était de 81,50 kilog. par tête; elle n'est plus que de 60 kilog. Dans le reste de la France, elle a également baissé de 13 à 11 kilog. Si nous comparons entre eux les divers États, nous trouvons qu'aux États-Unis la

moyens divers qui peuvent se réduire à deux. Le premier consisterait à faire disparaître de nos lois les limitations imposées à la faculté de disposer de sa propriété. Qu'il soit permis au père de transmettre sa propriété, sans d'autre règle que sa volonté pure; qu'il ne soit pas contraint de laisser une partie de sa fortune à l'enfant qui, pendant toute sa vie, aura bravé son autorité; qu'on abolisse les droits des réservataires, et l'on verra se reconstituer la grande propriété, ainsi que la famille, dont la loi semble avoir pris à plaisir de briser les liens[1].

D'autres espèrent arriver au même résultat par l'association volontaire des petits propriétaires et par la communauté, non des intérêts, mais des moyens d'exploitation. Dans leur pensée, l'intérêt individuel subsisterait avec son énergie impulsive, et les instruments seuls seraient mis en commun. Ce mode d'exploitation permettrait au propriétaire de profiter, par l'association, des efforts, des progrès de l'industrie et des associations nouvelles; trop coûteux pour un seul, les instruments seraient acquis par la société et mis, successivement, à la disposition de chacun de ses membres. Le premier système me paraît impossible à réaliser. Reconstituer des institutions que la féodalité a entraînées dans sa chute; rétablir, au sein de la famille, la puissance absolue du père; donner à celui-ci le droit de suivre son caprice et de créer parmi ses enfants une inégalité résultant de préférences imméritées, ne me paraît pas être une chose bonne en soi; le fût-elle, que cette restauration aurait à lutter contre l'obstacle invincible des mœurs que la révolution nous a faites. Sans doute, on peut dissiper les agitations de la surface, mais lorsqu'un ordre d'idées est entré dans les mœurs, il est impossible de revenir sur un fait accompli. Je ne vois aucun danger dans l'application du second; l'association ne peut être qu'une bonne chose lorsqu'elle résultera

consommation est de 122 kilog. par tête, en Angleterre, de 68, et en France de 60. D'un autre côté, le prix de la viande tend sans cesse à s'élever: de 1824 à 1840, il s'est élevé, en certains pays, de 38 p. 0/0. (Voir un discours prononcé par M. Guizot, dans la séance du 31 mars 1845.—Voir aussi les *Entretiens sur les lois économiques*, par M. de Molinari, p. 108.)

[1] Voir en ce sens M. de Molinari, *ibid.*, 4e soirée.

du rapprochement spontané des intérêts qui se cherchent. Dans ces termes, elle est recommandée par de très-sages esprits parmi lesquels j'ai hâte de citer le nom d'un magistrat distingué, M. Delangle[1]. Le mal commencerait là où finirait la liberté.

De la propriété suivant le Code civil.

Le droit de propriété consiste dans le pouvoir de jouir et de disposer des choses de la manière la plus absolue. Le droit Romain le décomposait en trois éléments, *jus utendi, jus fruendi, jus abutendi;* le Code civil n'en reconnaît que deux, *jus abutendi*, et *jus utendi et fruendi*. Faut-il conclure de cette différence qu'il est impossible de distinguer encore le droit d'user du droit de jouir? Non. Cette séparation est possible au point de vue du droit idéal, mais elle se rencontre rarement, pour ne pas dire jamais, dans la réalité de la pratique. Or, les rédacteurs de notre Code ont cherché à se rapprocher, autant que possible, des faits auxquels les jurisconsultes romains préféraient l'abstraction. Qu'est-ce, en effet, que l'usage, sinon un usufruit restreint? Il en est de même de l'habitation. Cette nuance dans l'expression se rencontre dans plusieurs articles, ce qui indique une idée arrêtée et constante. (Art. 543, 544, et 578[2].) Certains jurisconsultes sont scandalisés de la traduction du mot *abuti* par *abuser;* cette traduction n'est certainement pas exacte, mais l'indignation était inutile, car la propriété comprend le droit d'abuser, dans le mauvais sens du mot. N'ai-je pas la faculté de traire mes vaches sur le sable, et de laisser des terres fertiles languir sans culture? L'abus n'a d'autre limite que l'intérêt bien entendu de chacun.

La propriété est encore bornée par les lois et les règlements d'administration publique, ainsi que par les usages, quand les lois ou les règlements y renvoient. La limitation la plus impor-

[1] Voir la fin de l'introduction de son ouvrage *sur les sociétés*.

[2] MARCADÉ, t. II, p. 404.

tante est l'expropriation pour cause d'utilité publique[1]; mais à côté de la restriction, le législateur a placé la juste et préalable indemnité qui est comme la consécration du droit[2]. Une dérogation à cette règle a été faite par l'art. 15 de la loi du 21 mai 1836, sur les *chemins vicinaux*. Aux termes de cette disposition, « les ar-« rêtés des préfets, portant reconnaissance et fixation de la lar-« geur d'un chemin vicinal, attribuent définitivement au chemin « le sol compris dans les limites qu'ils déterminent. Le droit des « riverains se résout en une indemnité qui sera réglée à l'amiable « ou par le juge de paix du canton, sur le rapport d'experts nom-« més conformément à l'art. 17. »

Signalons, parmi les restrictions apportées par la loi au droit de propriété, la prohibition de défricher les bois sans autorisation de l'administration[3], d'établir un atelier insalubre sans se confor-mer aux règles prescrites par le décret du 15 octobre 1810; enfin, les servitudes légales et celles qui dérivent de la situation des lieux. (Art. 640 à 686.)

Divisions de la propriété.

Dans l'ancien droit, le domaine direct pouvait être distinct du domaine utile en ce qui concerne les immeubles, les héritages tenus en fief ou en censive; cette séparation n'était pas appli-cable aux meubles, ni aux immeubles tenus en franc-aleu. « Le

[1] Il y a des esprits assez amis des principes absolus pour penser que l'expropriation pour cause d'utilité devrait disparaître de nos lois. (M. DE MOLINARI le soutient dans sa *troisième Soirée*.)

[2] Cette matière a été réglée par les lois des 8 mars 1810, 7 juillet 1833, 3 mai 1841.—Voir aussi la loi du 30 mars 1831, sur l'expropriation temporaire.

[3] Le rapporteur du Code forestier de 1827, M. de MARTIGNAC, émet dans son rapport l'espoir que la disposition transitoire ne recevra pas de prorogation. Elle a cependant été renouvelée plusieurs fois et elle est encore en vigueur. Cette question se dédouble et doit être examinée séparément, 1° pour les bois situés sur les montagnes; 2° pour les bois situés en plaine. Nul ne conteste la nécessité de maintenir la prohibition relativement aux premiers. (Voir le beau travail de M. SURELL, sur les torrents des Alpes.) La difficulté ne porte que sur les seconds. (Rapport de M. FÉLIX RÉAL, *Moniteur* de 1846.)

« domaine direct, dit Pothier, qu'ont les seigneurs de fief ou de « censive sur les héritages qui sont tenus d'eux en fief ou en « censive, est le domaine ancien, originaire et primitif de l'héri- « tage, dont on a détaché le domaine utile par l'aliénation qui « en a été faite, lequel, en conséquence, n'est plus qu'un do- « maine de supériorité, et n'est autre chose que le droit qu'ont « les seigneurs de se faire reconnaître comme seigneurs par les « propriétaires et possesseurs des héritages tenus d'eux, et d'exi- « ger certains devoirs et redevances recognitifs de leur sei- « gneurie. »

La propriété ne se décompose plus aujourd'hui en domaine direct et domaine utile, ainsi que l'art. 543 le démontre ; car, cette disposition ne reconnaît comme droits détachés de la propriété, que les droits de jouissance et les services fonciers. Cet article n'est, d'ailleurs, que la confirmation des lois intermédiaires qui avaient converti en pleine propriété tous les droits de domaine utile, aboli tous les services féodaux, et déclaré rachetables toutes les rentes non entachées de féodalité. Ces lois n'étaient applicables qu'aux rentes perpétuelles[1], car la loi des 18-29 décembre 1790 disposait, d'une manière spéciale, pour les rentes temporaires. Aux termes de l'art. 1er, « les baux à rente ou em- « phytéoses non perpétuelles seront exécutés pour toute leur du- « rée, et pourront être faits, à l'avenir, pour quatre-vingt-dix- « neuf ans et au-dessous. » Cette disposition a été abrogée plus tard par l'art. 7 de la loi du 30 ventôse an XII. Néanmoins, dans l'intervalle qui s'est écoulé entre 1790 et l'an XII, des conventions ont été faites sous l'empire de la loi du 18 décembre, et, à moins de porter atteinte au principe de la non-rétroactivité, il faut reconnaître qu'elles sont régies par la loi de leur date[2]. Mais faut-il, comme le font certains auteurs, aller jusqu'à dire que l'on

[1] Lois des 11 août 1789, 3 novembre 1789, 15-28 mars 1790, 25-28 août 1792 et 17 juillet 1793.

[2] Je décide, en ce qui concerne ces emphytéoses, qu'elles ne sont pas susceptibles d'hypothèque. La raison en est que l'art. 2118 du Code civil ne les énumère point parmi les choses qui peuvent être affectées à cette garantie. D'ailleurs, le mot *emphytéose*, qui se trouvait dans la loi de brumaire an VII, art. 6, a disparu de notre Code.

peut, encore aujourd'hui, établir des emphytéoses temporaires, dans lesquelles le bailleur puisse se réserver le domaine direct et transférer au preneur le domaine utile? L'intérêt de la question n'est pas purement doctrinal; elle a encore des conséquences très-graves, en pratique; car, si on la décide négativement, l'emphytéote n'a pas le pouvoir d'hypothéquer son droit, son domaine utile, tandis qu'il le pourrait dans la doctrine opposée[1].

La loi du 18 décembre 1790 ne saurait être invoquée; car, nous avons vu qu'elle avait été abrogée; d'un autre côté, l'art. 530 contient une disposition qui est incompatible avec elle. En effet, le troisième paragraphe défend de stipuler que la rente sera irrachetable pendant un délai supérieur à trente années. Or, ne trouverait-on pas dans l'emphytéose un moyen indirect, mais infaillible, de prolonger ce terme jusqu'à quatre-vingt-dix-neuf ans? D'ailleurs, quelle serait l'utilité de cette institution? Le bail est suffisant pour toutes les variétés que peuvent offrir les relations sociales; car, la convention peut le modifier, au gré des parties et suivant la nécessité des circonstances. A Rome, et dans le moyen-âge[2], cette espèce de contrat s'expliquait par l'existence de grandes propriétés qui demeuraient stériles entre les mains des patriciens et des seigneurs; aujourd'hui, l'état de la propriété foncière a été changé, et le morcellement est devenu sa loi; l'emphytéose n'aurait plus sa raison d'être. Comment pourrait-on concevoir que la nature du droit changeât avec la durée du terme? pourquoi le même contrat serait-il un bail au-dessous de trente ans et au-delà, la constitution d'un domaine utile? Ainsi, ou la cession d'un fonds sera faite moyennant une rente perpétuelle, ou elle ne sera que temporaire; dans le premier cas, c'est une vente emportant translation de propriété, et dans laquelle la

[1] MM. MERLIN, DURANTON (t. IV, § 80); FAVARD de LANGLADE (*Répertoire*, v° *Hypoth.* n° 2), et TROPLONG (*des Priv. et des Hyp.*, t. II, p. 405), se sont prononcés dans le derniers sens, ainsi que la Cour de cassation par un arrêt du 26 juin 1822.

[2] VALETTE, *Traité des Hypoth.* (Sur l'art. 2118.)

rente est le prix; au second cas, c'est un simple bail[1], un droit personnel non susceptible d'être hypothéqué[2].

La propriété est, en règle générale, irrévocable; elle n'est révocable que dans certains cas exceptionnels. La résolution produit des effets qui diffèrent suivant les cas; tantôt, en effet, elle s'opère rétroactivement de manière à effacer, en même temps que le droit principal, tous les droits réels que le propriétaire, sous la condition résolutoire, avait concédés sur l'objet; tantôt, au contraire, elle ne produit d'effet que du jour de sa date. Dans le premier cas, on dit que la résolution se fait *ex tunc;* dans le second, qu'elle a lieu *ex nunc.* En général les tiers sont atteints par la révocation lorsqu'ils ont eu connaissance du fait qui pourrait ultérieurement produire l'extinction de leur droit. Ainsi lorsqu'une donation a été faite avec clause de retour conventionnel, en cas de prédécès du donataire, la résolution s'opère rétroactivement; les tiers ne sauraient se plaindre, car ils ont dû se faire représenter par le donataire le titre qui servait de fondement à son droit, et l'examen qu'ils ont pu en faire leur a révélé l'existence d'une condition résolutoire (art. 951, C. civ.). Il en est de même de la révocation des donations pour inexécution des conditions; l'inspection de l'acte qui la constate a fait connaître aux tiers l'existence des modalités sous lesquelles la donation a été faite. Au contraire, si la révocation a pour cause l'ingratitude, les tiers sont à l'abri de ses effets, parce qu'ils n'ont pu prévoir un fait éventuel et peu probable. L'exactitude de cette théorie n'est pas absolue; car, la révocation pour cause de survenance d'enfants a lieu *ex tunc,* quoique les tiers n'aient pu prévoir ce fait au moment du contrat. Mais cette exception a été introduite, par faveur pour le mariage,

[1] M. Zachariæ, t. I, p. 415, § 198.

[2] On n'est pas d'accord sur le point de savoir si le bail est un droit réel ou un droit personnel lorsqu'il est constaté par un acte authentique. L'art. 1743 est le point d'appui de ceux qui soutiennent la théorie du droit réel. Je ne puis me faire à l'idée que le bail notarié soit un droit réel, tandis que le bail par acte sous seing-privé ne le serait point. Est-ce que la nature d'un droit dépend de la manière dont il est constaté? La véritable nature du bail se trouve, selon moi, établie par l'art. 1769.

et n'est-ce pas le cas de dire : « *Exceptio firmat regulam* » ? (art. 960).

Des modes d'acquérir la propriété.

§ Ier. DE L'OCCUPATION.

La théorie de l'occupation ne se trouve pas organisée dans le Code civil : mais elle est implicitement reconnue par notre loi, comme un mode d'acquérir, puisque, aux termes de l'art. 714, il existe des *choses qui n'appartiennent à personne*. En l'absence de textes, il faut nous reporter à Pothier et au droit Romain, dont il n'a fait que coordonner les principes[1].

Les animaux sauvages forment la catégorie la plus nombreuse de *res nullius*. Or, le Code civil ne contient qu'une disposition sur la chasse, l'art. 715, qui ne fait que renvoyer à la loi spéciale sur la matière. Mais la loi de 1844 se borne à réglementer la police de la chasse et ne contient pas une seule disposition relative au droit du chasseur sur la propriété du gibier.

Si les règles du droit Romain doivent être observées, il en est une cependant dont l'application me paraît impossible. Après une controverse entre les Sabiniens et les Proculéiens, il avait été décidé que le chasseur ne serait propriétaire du gibier qu'autant qu'il l'aurait en sa possession ; il ne suffisait pas qu'il l'eût blessé mortellement ; la détention était nécessaire. Je pense que, dans le silence de la loi, il faut suivre l'opinion de Pothier : « Barbey-« rac, dit-il, pense qu'il suffit que je sois à la poursuite de l'ani-« mal, quand même je ne l'aurais pas blessé, pour que je sois « censé être le premier occupant, à l'effet qu'il ne soit pas permis « à un autre de s'en emparer pendant le temps. Ce sentiment plus « civil est suivi dans l'usage[2].

[1] M. ZACHARIÆ soutient qu'il n'existe pas chez nous de *res nullius*, et il en donne pour preuve l'art. 713, d'après lequel les biens qui n'ont pas de maître appartiennent à l'État (t. I, p. 416) ; mais cet article doit être combiné avec l'art. 714.

[2] POTHIER, t. VIII de ses œuvres, édit. Dupin, p. 126. PUFFENDORFF distin-

Le droit de chasse appartenait, en droit Romain, à celui qui voulait l'exercer ; le même principe fut suivi, dans notre ancien droit, jusqu'à l'ordonnance du mois de janvier 1366, qui défendit de chasser à toute personne non noble, *s'il n'est à ce privilégié ou bourgeois vivant de ses possessions et rentes.* La sévérité de cette disposition devint encore plus étroite dans l'ordonnance de 1669, qui n'accorda le droit de chasse qu'aux seigneurs, sans distinguer entre les bourgeois qui vivaient de leurs rentes et ceux qui étaient obligés de recourir au travail [1]. Le principe de la loi romaine fut rétabli par la loi des 28-30 avril 1790 et organisé par un décret du 4 mai 1812. Une loi de 1844 a rendu plus sévères les conditions d'exercice du droit de chasser ; nul ne peut en profiter, s'il n'est porteur d'un permis de chasse délivré par le préfet du département dans lequel il est domicilié ; il faut, en outre, qu'il chasse sur un terrain lui appartenant ou sur celui d'un propriétaire dont il ait obtenu la permission, et, dans un temps non prohibé (art 1, 2, 3, 4 et 5 de la loi du 3 mai 1844). L'inobservation de ces règles donne lieu seulement à l'application de pénalités ; mais elle est sans influence sur le droit de propriété, résultant de l'occupation par le chasseur ; le gibier pris, en temps prohibé, appartient au chasseur, et la confiscation que la loi autorise est une pénalité d'une nature particulière. Nul n'aurait donc le droit de s'emparer d'une pièce de gibier que j'aurais prise sans me conformer aux règles établies par la loi ; il s'exposerait aux peines

guait entre la blessure considérable et celle qui ne l'était pas : la première était un acte d'occupation suffisant ; la seconde ne l'était pas. M. Bugnet, dans les notes sur Pothier, émet l'avis qu'il faut suivre la loi romaine, comme plus conforme aux principes sur l'occupation.

[1] Art. 14 de l'ordonnance de 1669. Les seigneurs eux-mêmes n'avaient pas le droit de chasser en tous lieux : « Défendons à toute personne, disait l'art. « 20 de la même ordonnance, *de quelque qualité et condition qu'elle soit*, de « chasser à l'arquebuse ou avec chiens dans l'étendue des capitaineries de nos « maisons royales de Saint-Germain, Fontainebleau, Chambord, Vincennes « Livri, Compiègne, Bois-de-Boulogne, Varenne-du-Louvre, même aux sei- « gneurs hauts-justiciers et à tous autres, quoique fondée en titres ou per- « missions générales ou particulière, édits et arrêts, que nous révoquons, « sauf à nous d'accorder de nouvelles permissions. »

du vol. C'est ainsi qu'en droit Romain, le chasseur qui pénétrait sur le fonds d'autrui sans son autorisation devenait propriétaire des animaux qu'il y tuait. Le maître du champ n'avait contre lui qu'une *actio injuriarum*.

Les poissons, comme les animaux sauvages, appartiennent au premier occupant. La pêche a été aussi soumise à des règles de police par l'ordonnance de 1681, pour la pêche maritime, et par la loi du 15 avril 1829, pour la pêche fluviale. Le droit de pêcher dans la mer appartient à tout le monde ; il en est autrement de la pêche dans les fleuves ; car, d'après les articles 1 et 2 de la loi du 15 avril 1829 : « Le droit de pêche est exercé au profit de « l'État, 1° dans tous les fleuves, canaux et contre-fossés naviga- « bles avec bateaux, trains ou radeaux et dont l'entretien est à la « charge de l'État ou de ses ayants-cause, 2° dans les bras, noues, « boires et fossés qui tirent leurs eaux des fleuves et rivières na- « vigables ou flottables dans lesquels on peut, en tout temps, « passer ou pénétrer librement en bateau de pêcheur et dont « l'entretien est à la charge de l'État. Dans toutes les rivières et « canaux autres que ceux qui viennent d'être désignés, les pro- « priétaires riverains auront chacun de son côté le droit de pêche « jusqu'au milieu du cours du fleuve. » Si les prescriptions ont été enfreintes, y a-t-il lieu seulement, comme pour la chasse, à l'application de pénalités, et le gibier appartient-il au pêcheur contrevenant? Cette question est résolue par l'art. 5 de la loi de 1829. S'il ne parle que du prix, c'est que, dans la plupart des cas, la restitution du poisson ne pourrait pas être faite en nature, la consommation suivant de près la capture du poisson ; mais je me crois fondé à décider que le poisson pourrait être réclamé, s'il n'avait pas été consommé.

Le trésor est une véritable *res nullius*, ainsi que cela résulte de sa définition : « *Thesaurus est vetus quædam depositio pecuniæ « cujus memoria non exstat, ut jam dominum non habeat* ». D'après la rigueur des principes, il devrait donc appartenir tout entier à l'inventeur, et ce n'est que par une dérogation que la moitié a été attribuée au propriétaire du sol ; le législateur a considéré que le fonds a été utile à l'inventeur pour lequel il a conservé le trésor, et qu'il y aurait injustice à priver le propriétaire de toute participation au profit[1]. L'art. 716 n'exige pas que le trésor ait été trouvé par hasard, *non datâ ad hoc operâ;* mais rien n'indique que le Code civil ait voulu s'écarter des principes du droit Romain, reproduits par Pothier[2].

Les objets abandonnés par leur propriétaire sont aussi des *res nullius* et tombent dans le patrimoine du premier occupant. Appartiennent-ils à celui qui les a aperçus le premier, ou faut-il les avoir occupés? La loi I § 21 t. 2 liv. XLI Dig. disait : « *Non est « necesse corpore et actu apprehendere possessionem sed oculis et affectu.* » Mais cette disposition ne saurait être invoquée dans l'examen de cette question ; car elle se rapporte à la tradition et non à l'occupation ; or, les conditions de la possession étaient moins sévèrement exigées dans le premier cas que dans le second. Lorsqu'elle n'attribuait le gibier qu'au chasseur qui l'avait en sa puissance, la loi romaine aurait-elle pu, sans se condamner à l'incohérence, donner la propriété de la chose abandonnée au premier qui l'aurait regardée? Ce serait, d'ailleurs, créer une foule de difficultés insolubles ; car, il y aurait souvent lieu à décider quel est celui qui a vu l'objet, et pour l'établir, les preuves manqueraient ou du moins il ne pourrait en exister que de fort délicates.

On ne doit pas confondre les choses perdues avec les choses abandonnées ; les premières ne sont pas *res nullius* ; elles ont un maître inconnu, mais elles en ont un. L'ancien droit leur avait donné le nom d'*épaves*[3], et en avait attribué la propriété au seigneur haut-justicier. A qui appartiennent-elles aujourd'hui? Est-ce à l'État? est-ce au premier occupant? Il résulte de ce que les épaves ne sont pas des *res nullius*, qu'elles ne doivent pas appar-

[1] On pourrait expliquer aussi cette anomalie, en disant que le législateur était en présence de deux solutions absolues : d'après l'une, il aurait fallu considérer le trésor comme une *res nullius ;* d'après l'autre, comme une dépendance du fonds, comme un accessoire appartenant au propriétaire : l'art. 716 ne serait qu'une transaction de ces deux solutions extrêmes.

[2] *De la Propriété,* § 65, p. 140 du t. VIII de ses OEuv. édit. Dupin.

[3] L'origine de ce mot vient de *expavescere ;* il n'était appliqué d'abord qu'aux animaux effrayés et errants ; plus tard il a été généralisé.

tenir au premier qui s'en empare. Cette déduction se trouve confirmée par deux autres motifs. D'abord, l'État a succédé aux seigneurs pour une foule de droits; quelle raison y aurait-il à ne pas lui donner aussi le droit qu'ils avaient sur les *épaves?* En second lieu, l'art. 713 indique l'intention que les rédacteurs ont eue de conférer cette propriété à l'État; la disposition est générale, et c'est à elle qu'il faut recourir, en l'absence d'article formel. Malgré l'évidence de ces motifs, la question a été l'objet d'une controverse qui s'est dénouée par une décision du ministre des finances, en date du 3 août 1825, d'après laquelle, la propriété des choses perdues appartient à l'inventeur; cette ordonnance exige cependant qu'elles soient déposées, pendant trois ans, afin de sauvegarder les droits du propriétaire qui les a perdues (art. 2279, 2e alin.) Ce tempérament vient d'une fausse interprétation de l'art. 2279, dont les dispositions ne sont applicables qu'au possesseur de bonne foi. Or, l'inventeur d'une chose égarée est de mauvaise foi, puisqu'il ne peut pas ignorer que la propriété appartenait à un autre. A son égard, la revendication est donc possible pendant trente ans, et lorsqu'il recevra la chose après trois années de dépôt, il ne sera pas à l'abri des recherches. La décision du ministre des finances semble supposer, au contraire, qu'au bout de trois années le propriétaire a perdu toute action contre le possesseur de mauvaise foi comme à l'égard du possesseur de bonne foi. La loi du 11 germinal an IV et le décret du 13 août 1812 attribuent à l'État, après un délai qu'ils déterminent, les choses abandonnées dans les greffes des tribunaux et bureaux de voitures publiques. La loi du 31 janvier 1833 contient une disposition semblable pour les sommes versées à l'administration des postes; elles appartiennent à l'État, lorsqu'elles n'ont pas été réclamées dans les huit années de leur versement. Faut-il conclure de ces dispositions spéciales que les objets perdus, dont il n'est pas question dans ces lois, n'appartiennent pas à l'État? Faut-il répondre par la maxime: « *Qui dicit de uno negat de altero.* » ? L'argument *a contrario* est ici sans valeur; car ces lois ont été rendues, non pour créer le droit de l'État, mais pour le réglementer et fixer le temps après lequel la propriété serait acquise. D'ailleurs, cette espèce d'argument n'a d'autorité que dans les cas où il ramène à un principe général; or, dans l'espèce, il aurait pour résultat de faire consacrer une dérogation à celui qui est posé dans l'art. 713 du Code civil.

Le dernier et le plus remarquable exemple des effets de l'occupation est la prise du butin faite sur l'ennemi. Des lois particulières régissent la matière des prises maritimes[1]. Quant au butin fait dans une guerre terrestre, il est soumis aux principes du droit des gens naturel. L'état de guerre autorise le vainqueur à s'emparer de tout ce qui appartient à son ennemi, de manière à l'affaiblir le plus possible; aussi, est-il admis qu'il peut lui enlever non-seulement ses armes et ce qui entretient les hostilités, mais encore ce qui est la propriété de chaque citoyen; le vainqueur est autorisé à saccager une ville, ravager une campagne. Je ne doute pas que le droit des gens ne tende à prendre, sur ce point, un caractère moins rigoureux et qu'il n'arrive à réduire le vainqueur aux limites des besoins de la guerre. La raison admet, quoique le cœur en saigne, que le général, pour relever le courage de ses soldats, leur permette le sac, après la victoire, ou qu'il ordonne d'incendier les récoltes, pour priver l'ennemi de vivres; mais la nécessité s'arrête là, et avec elle le droit des belligérants. Faire retomber sur les individus la haine des nations ou des gouvernements est une souveraine injustice; affaiblir un ennemi, lorsqu'il est réduit, une rigueur inutile; et prétendre qu'on l'affaiblit en privant de leur propriété des citoyens soumis, un prétexte pour couvrir l'iniquité.

En principe, le butin appartient à la nation du soldat qui s'en empare; le soldat n'est qu'un instrument et n'acquiert aucun droit pour lui. Cependant le général peut distribuer aux troupes tout ou partie de ce qui a été pris pour les encourager, ou leur promettre le butin pour les exciter à la victoire. Le siége de la ville de Berg-op-Zoom est un exemple très-connu de ce dernier cas.

Dans les guerres sur mer, le butin est connu sous le nom de

[1] Ordonnance de 1681, liv. III, tit. IX et X; règlement du 26 juillet 1778. arrêté du 2 prairial an XI; décret du 18 vendémiaire an II.

prises maritimes. Aux termes de l'art. 51 de l'arrêté du 2 prairial an XI : « Sont de bonne prise, tous les bâtiments appartenant « aux ennemis de l'État, ou commandés par des pirates, forbans « ou autres, courant la mer sans commission d'aucune puissance. »

Ainsi, pour l'application de cette disposition, il suffit que le vaisseau appartienne à l'État ennemi ; son caractère inoffensif ne suffirait pas, pour le protéger; c'est une application du principe que la guerre donne le droit d'affaiblir son ennemi, par tous les moyens. L'usage a cependant admis une exception en faveur de la pêche.

L'art. 7 de l'ordonnance de 1681 (titre des prises) déclarait de bonne prise tous navires chargés d'effets appartenant à l'ennemi et aussi les marchandises appartenant aux sujets de la nation qui capture, lorsqu'elles se trouvent sur un vaisseau ennemi. La première de ces dispositions est encore en vigueur; mais il est douteux que la seconde doive être suivie. Elle n'a pas été reproduite par l'arrêté du 2 prairial an XI, qui a remplacé l'ordonnance de 1681 d'une manière à peu près complète, et si le législateur avait voulu la maintenir, il l'aurait exprimé comme pour la première.

Les marchandises et les bâtiments appartenant à des nations neutres ont donné lieu à des questions très-graves dont la solution a varié suivant les époques : 1° La marchandise neutre, trouvée sur un bâtiment ennemi, est-elle de bonne prise, ou, en d'autres termes, *la robe d'ennemi confisque-t-elle celle d'ami?* 2° Les marchandises ennemies, trouvées sur un vaisseau neutre, sont-elles de bonne prise, ou *le pavillon couvre-t-il la marchandise?*—Sur la première question, l'ordonnance de 1681 dispose que la marchandise neutre, sur vaisseau ennemi, est de bonne prise. Mais si tel est le droit positif, il est contraire au droit des gens primitif[1]. Notre législation s'est rapprochée du droit philosophique sur la deuxième question; car l'arrêté du 29 frimaire an VIII a consacré le principe: « *Le pavillon couvre la marchandise.* » Ces questions ont reçu des solutions diverses, suivant les époques; mais l'histoire de ces variations n'est autre chose que l'histoire du droit des neutres, c'est

[1] M. MASSÉ, *Droit commercial*, t. I, p. 262.

à-dire de la principale branche du droit des gens. Une digression aussi considérable sortirait des limites de mon sujet [1].

§ II. DE L'ACCESSION.

C'est un point très-vivement controversé, entre les commentateurs du droit Romain, que de savoir si l'accession était reconnue par la loi comme un mode d'acquérir spécial, ou si ce n'était qu'un effet, une extension du droit de propriété. Le doute venait de ce que pas un seul texte n'indiquait ce mode d'acquérir; le mot *accessio* lui-même ne signifiait pas accession, mais *accessoire*. Le texte du Code civil rend impossible cette controverse, dont l'utilité était d'ailleurs purement doctrinale. Il est impossible d'hésiter, en présence des rubriques du chapitre II, tit. II, liv. II, et des deux sections en lesquelles il se divise.

Distinguons, avec le Code civil, deux cas : 1° le droit d'accession, relativement aux choses immobilières; 2° le droit d'accession, relativement aux choses mobilières.

Droit d'accession appliqué aux immeubles.

La propriété d'un fonds donne au propriétaire le droit d'élever, au-dessus, des constructions et de pratiquer au-dessous des fouilles et excavations. Ce pouvoir est limité, dans quelques cas, par des dispositions de lois spéciales ou de règlements de police. Ainsi, la difficulté que présente l'exploitation des mines, la nécessité de diriger ces travaux vers la production la plus abondante possible, ont amené les restrictions de la loi du 21 avril 1810. De même, les besoins de la navigation et l'intérêt qui existe à assurer la sécurité des routes ont donné lieu aux dispositions de l'ordonnance de 1669, sur les chemins de halage et l'essartement des bois. Des règlements administratifs prohibent, dans certaines rues,

[1] Voir, sur cette matière, l'intéressante introduction que M. HAUTEFEUILLE a mise en tête de son ouvrage sur *le Droit des Neutres*.

l'élévation des maisons au-delà d'une certaine hauteur, soit dans un intérêt purement artistique, soit dans un but de salubrité, au moyen de la rapide circulation de l'air. Mais ces exceptions ne font que confirmer le principe général.

Il résulte de là que toute construction, ou plantation, élevée au-dessus du sol, est présumée faite par le propriétaire du fonds ; mais cette présomption n'est pas invincible, et elle disparaît devant la preuve contraire. S'il est prouvé qu'un autre en est l'auteur, les constructions ou plantations appartiennent au maître du sol ; seulement il y a lieu alors à régler l'indemnité due au constructeur. La manière de la fixer est différente, suivant que le tiers est de bonne ou de mauvaise foi. Dans le premier cas, le propriétaire a le choix de payer au constructeur la plus-value donnée au fonds, ou de lui rembourser la valeur des matériaux et de la main-d'œuvre. Cette règle est fondée sur la plus stricte justice ; car si la plus-value est inférieure aux dépenses, le propriétaire ne peut être forcé par le fait d'autrui à payer des constructions au-delà de leur valeur. Si, au contraire, la plus-value est supérieure, il n'a pu être dépouillé, par un étranger, du droit qu'il avait de se procurer la même amélioration avec les mêmes frais. Cette disposition a été cependant critiquée, parce qu'elle crée, pour le maître du sol, l'obligation d'acheter. Or, s'il n'a pas de l'argent disponible, on lui impose la nécessité d'emprunter, et l'emprunt est voisin de l'expropriation. L'emprunt d'ailleurs pourrait ne pas être réalisable. Cette observation n'est pas dénuée de fondement et elle met en saillie la nécessité d'un tempérament. On y arriverait par la conversion du prix en une rente, avec hypothèque sur le fonds[1]. D'ailleurs, le propriétaire a quelque négligence à se reprocher ; car, ordinairement, il a, par son fait, induit en erreur le possesseur de bonne foi ; n'est-il pas équitable de lui faire supporter, dans une certaine mesure, les inconvénients d'une situation qu'il a préparée ?

Le constructeur qui espérerait retirer de la vente des matériaux un prix supérieur à la somme qui lui est offerte

[1] Pothier, *de la Propriété*, n° 347.

aurait-il le droit de démolir malgré le propriétaire? Aucun argument ne peut être tiré du texte de l'art. 555, et la question doit être résolue par les principes. Or, le propriétaire ne peut exiger que la restitution des lieux en l'état où ils se trouvaient primitivement et des dommages-intérêts pour le préjudice qui aurait été causé; en dehors de là, il ne peut rien exiger, et son droit est limité par la maxime : « *Nemo detrimento alterius locupletior fieri potest.* » L'art. 555 n'est applicable que dans les cas où le constructeur ne fait pas cette offre.

Si le possesseur est de mauvaise foi, le propriétaire a le choix ou de demander la suppression des travaux ou de les retenir, en payant le prix de la main-d'œuvre et des matériaux. Ainsi, le propriétaire n'a pas le droit, lorsqu'il n'exige point la suppression des travaux, d'offrir, à son gré, la plus-value ou les frais, il est tenu de payer l'intégralité de la dépense. Cette disposition présente, au premier abord, une anomalie singulière, car de sa comparaison avec la précédente il semble résulter que le possesseur de bonne foi est moins bien traité que le possesseur de mauvaise foi. Il n'en est rien cependant. Le possesseur de mauvaise foi est placé sous le coup de la faculté donnée au maître du sol de le forcer à démolir; il est dominé par ce droit qui l'amènera facilement à une transaction désavantageuse pour lui. « Vos matières, dira le propriétaire, valent 60,000 fr. Je les veux payer 30,000 fr., sinon démolissez. » Or, démolir, c'est perdre la main-d'œuvre déjà payée, et dépenser une nouvelle main-d'œuvre, sans utilité. Cette bizarrerie apparente de la loi avait conduit certains jurisconsultes à soulever la question de savoir si le propriétaire ne pourrait pas offrir au possesseur de mauvaise foi de le traiter comme s'il était de bonne foi, s'il avait plus d'intérêt à le considérer ainsi. Il semble, au premier abord, que le constructeur aurait mauvaise grâce à se plaindre de ce qu'on lui attribue une qualité qui l'honore. D'ailleurs, si le propriétaire ne se prévaut pas de la mauvaise foi, qui donc pourra l'invoquer? Le constructeur? Mais il en est empêché par la maxime : « *Nemo auditur turpitudinem suam allegans.* » Ainsi, le droit et le fait concourent à la même solution : le droit, car si le propriétaire veut traiter le possesseur en homme de bonne foi, il doit le pouvoir *a fortiori*; le fait, car si le propriétaire ne veut pas faire la preuve de la mauvaise foi, personne ne peut l'administrer à sa place. Cette solution ne me paraît pas cependant devoir être suivie.

La loi a mis aux mains du propriétaire un pouvoir suffisant pour le protéger. La doctrine et la jurisprudence ont-elles qualité pour exagérer la rigueur de la loi? Il ne faut pas que le propriétaire puisse changer les faits suivant son intérêt, et altérer la vérité à son profit. Il est vrai qu'il rend hommage aux intentions de son adversaire, mais il n'a pas le droit de lui imposer un honneur coûteux. L'opinion que je combats aurait pour résultat d'annihiler l'art. 555, § 1er, qui donne le choix au propriétaire d'exiger la suppression des travaux ou de payer ce qu'ils ont coûté. Or, tout propriétaire pourrait, en considérant le possesseur comme de bonne foi, opter entre la plus-value et l'intégralité de la dépense. Cette alternative ne serait pas identique à la première. Quant à la maxime : « *Nemo auditur turpitudinem suam allegans,* » faisons observer, pour ceux auxquels elle pourrait donner des scrupules, que, dans la plupart des cas, cette preuve ne sera pas nécessaire, et qu'elle résultera des circonstances; ainsi, le possesseur précaire est constitué en mauvaise foi, par la nature même de son titre. Je n'ignore pas que les jurisconsultes agitent la question de savoir si l'usufruitier qui a fait des constructions doit être soumis aux prescriptions de l'art. 555; mais il est aisé d'établir que l'affirmative est préférable.

PROUD'HON enseigne que l'art. 599 est applicable à l'usufruitier qui a fait des constructions; cette doctrine est consacrée par un arrêt de la Cour de cassation, en date du 23 mars 1815[1].

Les motifs de cette désision sont tirés de ce qu'en droit Romain l'usufruitier ne pourrait réclamer aucune indemnité pour les constructions et autres améliorations. (L. 15 *de Usufructu, ff.*). Cette règle était aussi celle de l'ancien droit, et l'art. 599 est

[1] PROUD'HON, *des Droits d'usufruit, d'usage et d'habitation*, t. III, n° 1441.

conçu dans des termes tels qu'il semble évident que le législateur français a suivi cette tradition : « L'usufruitier, y est-il dit, ne « peut réclamer aucune indemnité pour les améliorations qu'il « prétendrait avoir faites, encore que la valeur de la chose en fût « augmentée. »

Si le droit Romain n'accordait aucune indemnité à l'usufruitier, ce n'est pas pour lui faire une situation différente de celle du possesseur de mauvaise foi; c'était, au contraire, pour l'assimiler à lui. On présumait, en effet, que le tiers qui avait construit sur un sol dont il savait ne pas être le maître avait voulu faire une donation au propriétaire. « *Si in possessione constituto ædificatore, soli « dominus petat domum suam esse nec solvat pretium materiæ « et mercedes fabrorum, posse eum per exceptionem doli mali « repelli, utique si bonæ fidei possessor fuerit qui ædificavit. Nam « scienti alienum solum esse potest objici culpa, quod ædificaverit temerè in eo solo quod intelligeret alienum esse.* » (Inst. Liv. II, tit. 1er, § 30.) Or, ce principe a été repoussé par les rédacteurs du Code civil, dans l'art. 555; est-il probable qu'en se séparant de la règle générale, le législateur ait voulu consacrer une de ses applications? Le texte de l'art. 599 ne prouve nullement que cette contradiction soit dans le système de la loi. En effet, il n'est question, dans cette disposition, que d'améliorations, ce qui doit s'entendre de ces nombreux travaux qu'un propriétaire diligent ne manque jamais de faire; par exemple, des engrais de terre, d'une meilleure distribution des lieux, etc., etc. Ce qui démontre que telle a été la pensée de la loi, c'est la différence des expressions qui se trouvent dans les deux articles que nous comparons; l'art. 555 parle de *plantations et constructions ;* tandis que l'art. 599 ne parle que d'*améliorations*. Ajoutons à cela que ces mots : « *Encore même que la valeur de la chose en fût augmentée,* » conduisent à la même conclusion; car il en résulte que les améliorations ne produiront, dans la pensée du législateur, de plus-value que par exception, ce qu'il serait impossible de supposer s'il s'agissait de plantations et constructions. Enfin, la solution que je défends peut être placée sous la protection d'une maxime dont on trouve à chaque instant la trace dans nos lois : « *Nemo detrimento alterius locupletior fieri potest.* »

Le premier alinéa de l'art. 555 contient quelques mots sur lesquels il est nécessaire d'insister : « Lorsque les plantations, con-
« structions et autres ouvrages ont été faits par un tiers et avec
« ses matériaux, le propriétaire du fonds *a droit* ou de les retenir,
« ou d'obliger ce tiers à les enlever. » Faut-il conclure de ces mots, « *a droit* », que le constructeur ne pourrait pas les enlever et remettre les choses en l'état primitif? — J'ai déjà dit, à l'occasion du possesseur de bonne foi, que le propriétaire n'est pas fondé à se plaindre dès qu'on lui restitue le fonds dans son ancien état, et qu'on l'indemnise du préjudice, si les travaux lui en ont causé quelqu'un. Ce principe incontestable doit-il être abandonné à cause d'un mot placé dans un article, sans intention de résoudre la difficulté dont il s'agit?

L'alluvion qui s'ajoute insensiblement au champ riverain d'un fleuve appartient au propriétaire de la rive ; il importe peu, d'ailleurs, à ce point de vue, que le fleuve soit navigable, flottable ou non. En droit Français, on ne distingue pas entre les champs limités (*agri limitati*) et ceux qui ne le sont pas (*agri arcifinii*), comme on le faisait en droit Romain. Ainsi, quand même la partie ajoutée par l'alluvion insensible serait reconnaissable, l'accession se produirait au profit du propriétaire. Le champ que j'ai sur le bord d'un fleuve serait protégé par une chaussée ou une muraille que je n'en deviendrais pas moins propriétaire de l'alluvion qui s'y ajoutera ; la généralité des termes de l'art. 556 ne permettent pas le doute sur ce point.

Si le fleuve, par un mouvement violent, ajoutait à un fonds voisin une partie reconnaissable détachée soit d'un champ opposé, soit d'un champ supérieur, le propriétaire de celui-ci ne perdrait pas instantanément la partie enlevée ; mais il est obligé, pour conserver son droit, de réclamer dans l'année ; l'expiration de ce délai lui créerait une déchéance, si son adversaire avait pris possession du terrain attaché au sien.

Chaque riverain a droit, sur la partie du lit que le fleuve laisse à découvert, en se retirant vers le côté opposé ; le propriétaire des fonds envahis n'ont que le droit de se défendre contre le mouvement d'invasion.

Ici se place la grave question de savoir à qui de l'État ou des propriétaires riverains appartient le lit des rivières non navigables ni flottables? La doctrine est très-divisée sur cette difficulté, et quoique la jurisprudence le soit moins, elle a éprouvé aussi quelques variations[1].

Cette question a été trop souvent résolue par les souvenirs du droit Romain ; il est plus conforme aux règles d'une saine interprétation d'interroger notre ancien droit, dont la pensée a dû exercer plus d'influence sur la législation nouvelle. Or, il est certain que, sous le régime féodal, la propriété des rivières non navigables inflottables appartenait aux seigneurs, et que ce droit était consacré par une longue tradition. Après la chute de la féodalité, l'État, qui avait substitué son pouvoir centralisateur à la puissance des suzerains locaux, n'abandonna pas les droits qu'ils avaient sur les rivières non navigables ni flottables. Ce point est établi par plusieurs monuments de la législation intermédiaire. Ainsi, le 7 septembre 1793, la Convention vota un article du projet de Code civil, par Cambacérès, ainsi conçu : « Les biens na« tionaux sont 1°......... ; 5° les rivières tant navigables que *non « navigables.* » Déjà, sous l'Assemblée constituante, un projet de décret avait été préparé par les comités réunis *des domaines,* de l'*agriculture* et du *commerce,* et le droit de l'État y était consacré de la manière la plus positive ; il est vrai que ce projet n'est pas devenu définitif, mais il peut servir à nous éclairer sur la pensée du législateur[2]. Des détails qui précèdent, s'évince cette conclusion

[1] MM. Troplong, *de la Prescription,* t. I, p. 145, 214-231 ; Duranton, t. V, § 208 ; Pardessus, Daviel, *Pratique des Cours d'Eau,* p. 23 et 25, pensent que le lit appartient au propriétaire de la rive. MM. Proudhon, *Domaine public,* nos 959, 938, 944, 946, t. II, et Rives, *de la Propriété du lit des Rivières non navigables ni flottables,* se prononcent pour l'opinion contraire. Voyez aussi, en ce sens, un arrêt de la chambre des requêtes du 11 février 1834.

[2] Cette démonstration historique n'est qu'un abrégé de la monographie de M. Rives, conseiller à la Cour de cassation.

que, dans le doute, il faut interroger la législation antérieure au Code civil. Cette démonstration historique se fortifie d'arguments de textes non moins concluants. En effet, aux termes de l'art. 563, si une rivière *navigable, flottable* ou *non*, se forme un nouveau cours, l'ancien lit est abandonné à titre d'indemnité aux maîtres des terrains envahis. Les partisans de l'opinion contraire à celle que je soutiens disent, il est vrai, que cet article consacre une iniquité; mais, par malheur, cette appréciation ne saurait être un motif de droit; car tout jurisconsulte est exposé à s'entendre opposer la maxime : « *Stultus est qui lege ipsâ vult esse sapientior.* » Cette disposition ne s'expliquerait pas si le lit appartenait aux riverains; car la loi n'aurait pu les dépouiller pour indemniser un autre propriétaire et faire ainsi une expropriation, pour cause d'utilité privée, sans indemnité préalable.

On oppose à cette argumentation l'art. 538 du Code civil, qui, en n'indiquant, comme propriété de l'État, que les fleuves et rivières navigables ou flottables, permet d'attribuer les autres aux particuliers. Cet argument prouverait trop; car il aurait pour résultat de donner aux riverains non-seulement le lit, mais aussi le cours d'eau; en effet, l'art. 538 ne parle pas du lit des rivières navigables et flottables, mais des rivières elles-mêmes. Or, peut-on aller jusque-là, lorsque l'art. 644 détermine les droits des riverains sur l'eau courante qui borde ou traverse leur propriété? —D'ailleurs, cet article n'est que la reproduction de l'art. 1er de la loi des 22 novembre-1er décembre 1790, sous laquelle le droit de l'État n'était pas mis en doute[1].

Cet article n'a donc pas eu pour objet de résoudre la question. On oppose encore l'art. 561, qui accorde aux propriétaires riverains les îles nées au sein des rivières non navigables ni flottables. N'est-ce point là, dit-on, une conséquence de la propriété du lit[2]?

[1] Rives, p. 52 et 70. MM. Du Caurroy, Bonnier et Roustain, adoptant, sur ce point historique, l'opinion de MM. Championnière (*De la Propriété des Eaux courantes*), soutiennent que le droit des seigneurs n'était pas constant et qu'il n'était reconnu que par quatre coutumes. (T. II, p. 78.)

[2] M. Roy, ministre des finances en 1829, s'exprimait ainsi, à cette époque, sur la valeur de cet argument : « Si le lit de la rivière était lui-même la pro-

Cet argument est loin d'être péremptoire ; car, la propriété de l'île peut être accordée séparément de celle du lit ; rien n'exige que l'une soit la dépendance de l'autre. D'ailleurs, il résulte de l'examen des travaux préparatoires que les îles dont il est question en l'art. 561 furent abandonnées, *comme ayant très-peu d'importance*, motif qui aurait été futile, si le riverain avait pu réclamer sur elles l'extension du droit de propriété qu'il avait sur le lit. Ajoutons que, lorsqu'un fleuve non navigable est classé parmi les cours d'eau navigables, il y a lieu d'accorder une indemnité au riverain, pour le droit de pêche dont il est privé. Si on ne lui accorde d'indemnité que pour la pêche fluviale, cela ne vient-il pas de ce que la propriété du lit n'est pas à lui[1] ? Cette solution une fois admise, la question de savoir si c'est à l'autorité administrative qu'appartient le pouvoir de fixer la hauteur des eaux et la largeur du fleuve devient commune aux rivières non navigables et non flottables ainsi qu'aux rivières navigables et flottables. Je pense que l'affirmative doit être décidée. La loi des 16-24 août 1790, chap. VI, confia à l'administration le soin de diriger les eaux vers l'utilité générale, en suivant les principes de l'irrigation. Cette attribution emporte le pouvoir de déterminer l'étendue du lit, car la fixation de cette limite peut avoir une très-grande influence sur le service que l'on peut retirer des eaux. Qui veut la fin veut les moyens. Ce point semble désormais placé hors de toute contestation par la jurisprudence du *Tribunal des conflits*[2].

priété du riverain, cette disposition serait superflue ; car, dans ce cas, tout ce qui surgirait de ce lit appartiendrait par voie de conséquence au propriétaire du fonds voisin. Il ne serait donc nullement nécessaire que la loi lui en attribuât la propriété. » Cette réfutation était sans valeur en présence de l'art. 560, qui contient la même disposition, en ce qui concerne les rivières navigables, quoique le doute n'existe pas sur la propriété du lit.

[1] M. Du Caurroy dit que : « le terrain sur lequel est établi un cours d'eau étant complétement improductif, on s'explique comment le législateur n'a pas accordé d'indemnité. » (T. II, p. 81.) Mais n'est-il pas évident que si j'avais un terrain improductif, parce qu'il est dépouillé de terre végétale, on ne pourrait pas m'en priver sans indemnité ? Si le terrain est improductif, on l'estimera moins ; mais qu'on l'estime !

[2] Voir en ce sens quatre décisions de ce tribunal, en date du 3 avril

Aux termes de l'art. 564, les pigeons, les lapins et poissons qui sortent d'un colombier, garenne ou étang, pour passer dans un autre, appartiennent au propriétaire de celui-ci, pourvu qu'ils n'y aient pas été attirés par fraude ou artifice. D'ailleurs, la fraude ou l'artifice n'empêcheront pas l'auteur des manœuvres de devenir propriétaire de ces animaux. Seulement, il sera sujet à une action personnelle fondée sur l'art. 1382 du Code civil : « C'est « pourquoi, dit Pothier, si le propriétaire d'un colombier y avait « attaché quelque vieille morue ou quelque autre chose pour y « attirer les pigeons des colombiers voisins, les propriétaires des « colombiers voisins auraient contre lui l'action de *dolo* ou *in* « *factum*, pour les dommages-intérêts résultants de ce qu'il au- « rait, par cette manœuvre, dépeuplé leurs colombiers.[1] »

Droit d'accession relativement aux choses mobilières.

Les rédacteurs du Code civil avaient d'abord résolu d'abandonner cette matière à l'équité des tribunaux, et l'article destiné à exprimer cette pensée est devenu l'article 565. Mais cette disposition est devenue inutile par suite des articles qui y ont été ajoutés. En réglant toutes les questions que cette matière soulève, ils ont rendu le rôle de l'équité à peu près nul ; car les rédacteurs ne se sont pas bornés, ainsi que cela semble résulter de la dernière partie de l'art. 565, à tracer des exemples pour servir de guide aux tribunaux.—Les articles 566 à 577 ne présentent pas de difficulté grave, et je me bornerai à y renvoyer[2].

(Domaine C. v^e Herrepon ; M. Renouard, rapp.) ; 20 mai (Domaine C. Desmarquet; M. Marchand, rapp.) ; 20 mai (Etat C. Fizes ; M. Marchand, rapp.) ; et 22 mai 1850 (Domaine C. la commune de Lattes ; M. Vincens-Saint-Laurent, rapp.).

[1] POTHIER, t. VIII, p. 183, édit. Dup.

[2] Je me crois autorisé à le faire par l'exemple de M. ZACHARIÆ, t. I, p. 429.

De la perception des fruits.

Celui qui achète un objet à un non-propriétaire, dans la croyance qu'il a le droit de le lui vendre, ne peut être tenu de restituer les fruits qu'il a recueillis. L'obliger à les rendre, serait le condamner à la ruine; car ces annuités accumulées s'élèveraient bientôt au-dessus du capital; aussi, l'art 540 a-t-il disposé que le possesseur fait les fruits siens, quand il est de bonne foi. Cette disposition est très-courte et laisse, en dehors de ses termes, des cas nombreux que la loi romaine prévoyait spécialement. Je pense que, dans le silence de la loi française, il faut appliquer celles que consacrait la loi romaine, d'accord avec la justice. Ainsi, je décide que le possesseur de bonne foi n'acquiert que les fruits consommés et que le propriétaire a le droit de revendiquer, en même temps que sa chose, les fruits existants encore en nature. Il n'y a d'ailleurs pas lieu à distinguer entre les fruits naturels et ceux qui proviennent de la culture; car il y a même motif pour accorder les uns et les autres au possesseur. Sans doute le § 35 du tit. 1er, liv. II, *Instit. Just.*, dit que les fruits sont une compensation de la culture et des soins (*pro culturâ et curâ*) ; mais cette disposition n'était pas limitative, elle avait pour but de prévoir ce qui a lieu ordinairement. Ce qui le démontre, c'est la loi 48, *pr. de acquirendo rerum dominio*. Il est vrai qu'elle est en contradiction avec la loi 45, *de usuris*, ff; mais la première doit être suivie comme plus conforme au principe de la perception de fruits.

La bonne foi cesse dès que la demande en revendication a été formée, et le possesseur est tenu de restituer les fruits perçus depuis cette époque, qu'ils soient ou non consommés. De même, quoique l'art. 549 se borne à dire que le possesseur de mauvaise foi est tenu de restituer les produits de la chose revendiquée, je crois qu'il doit être astreint à rendre les fruits que la chose aurait donnés si elle n'avait pas été négligée.

L'art. 550 définit la bonne foi; elle existe lorsque le possesseur possède comme propriétaire, en vertu d'un titre translatif de propriété dont il ignore les vices. Faut-il conclure, des termes de cette disposition, que l'existence d'un titre translatif est une condition distincte de la bonne foi, en sorte que la bonne foi serait vainement établie, si le titre n'existait pas? L'affirmative serait contraire au principe du mode d'acquérir dont je m'occupe. Le législateur a voulu que le possesseur ne fût pas victime de sa bonne foi, et qu'après avoir dépensé les revenus avec sécurité (*lautius vixit*), il se trouvât tout-à-coup ruiné par l'accumulation des arrérages. Ce motif existe, dans toute sa force, lorsqu'il n'existe aucun titre, si le possesseur est de bonne foi. Sans doute l'absence du titre aura pour effet de rendre le juge plus sévère sur l'appréciation de la bonne foi, mais elle ne constituera pas une fin de non-recevoir. Les mots : « *en vertu d'un titre translatif de propriété* », qui font la difficulté actuelle, sont placés dans l'art. 550 comme une continuation, une explication de ceux qui précèdent : « *quand il possède comme propriétaire* » ; il est, en effet, bien certain que la bonne foi ne peut pas exister autrement, la précarité du titre étant incompatible avec elle. Mais la loi n'a eu d'autre but que d'établir une opposition entre le titre translatif de propriété et le titre précaire.

De la tradition.

A Rome, la tradition devait s'ajouter au consentement, pour que la propriété fût transférée. D'après les principes de notre droit, la simple convention a le pouvoir de produire cet effet. « L'obligation de livrer la chose est parfaite par le seul consen-« tement des parties contractantes. Elle rend le créancier pro-« priétaire, et met la chose à ses risques dès l'instant où elle a « dû être livrée, encore que la tradition n'en ait point encore été « faite. » (Art. 1138.) Il semble dès lors que la tradition ne soit plus, sous le Code civil, un mode d'acquérir la propriété. Néanmoins, si ce mode d'acquérir a moins de généralité qu'en droit Romain, il produit des effets, dans certains cas déterminés. Ainsi, lorsque le vendeur a promis une chose *in genere*, sa volonté n'a pu transférer la propriété d'une chose indéterminée; ce n'est que par la tradition que ce résultat sera produit.

La tradition produit encore un effet remarquable, relativement à la propriété des meubles. Aux termes de l'art. 2279, « *en fait* « *de meubles, la possession vaut titre.* » La possession dont il est question dans cet article est celle qui résulte de la tradition faite par un premier propriétaire ; car, si c'était la possession du premier occupant, cet article serait incomplet, la possession étant, dans ce cas, un titre pour une *res nullius*, mobilière ou immobilière. L'effet produit par cette possession dérivée, c'est la prescription instantanée au profit de celui qui la reçoit d'un *non propriétaire*, et le possesseur en retire l'avantage d'être dispensé du délai exigé pour la prescription ordinaire. En dehors de cette exception, toutes les autres règles sont applicables ; ainsi, le possesseur doit être de bonne foi, la possession exempte des vices énoncés dans l'art. 2229, et la chose susceptible d'être acquise par usucapion. Le dépositaire, le locataire, l'usufruitier, ne seraient pas recevables à invoquer la maxime de l'art 2279, § 1er ; car, la précarité de leur titre est exclusive de la bonne foi. J'irais jusqu'à décider, dans le système consacré par la Cour de cassation, que le tiers acquéreur d'un objet mobilier dotal ne serait point protégé par cette disposition ; si la dot mobilière est inaliénable, à plus forte raison doit-elle être imprescriptible. Je n'ignore pas que cette solution serait très-dangereuse, pour la sécurité des transactions ; mais cette conséquence est un argument capable de démontrer indirectement que l'inaliénabilité de la dot mobilière n'était pas admise par les rédacteurs du Code civil.

Indépendamment de ces quatre modes d'acquérir, il en existe un grand nombre d'autres qui se divisent en deux catégories : 1° les modes d'acquérir à titre universel ; 2° les modes d'acquérir à titre particulier. Les quatre manières dont je me suis occupé jusqu'à présent doivent être classées dans cette dernière catégorie.

De l'action en revendication.

Au droit réel de propriété correspond l'action en revendication. J'ai déjà traité ce sujet, en droit Romain, et je me borne à renvoyer à cette partie de mon travail pour éviter de nombreuses répétitions. Mais il est une partie spéciale à notre législation pour laquelle ce renvoi ne serait pas possible, c'est la *saisie-revendication*.

Aux termes de l'art. 2279, deuxième alinéa, le propriétaire d'une chose mobilière volée ou perdue peut la réclamer pendant trois ans, nonobstant la maxime : « *en fait de meubles, la possession vaut titre.* » L'acte par lequel ce droit s'exerce était appelé *entiercement* dans la coutume d'Orléans; notre Code de procédure lui a donné le nom de *saisie-revendication.* Cette procédure s'applique aux effets mobiliers de toute nature, la loi ne faisant aucune distinction. On pourrait donc saisir-revendiquer des titres et papiers[1].

La possession du saisi élève en sa faveur une présomption qu'il ne fallait pas heurter légèrement, et de là sont venues les formalités prescrites par les art. 826 et suiv. du Code de procédure.

Le saisissant doit adresser au président du tribunal de première instance une requête désignant, sommairement, les effets réclamés. L'art. 826 ne dit pas à quel président la requête doit être adressée, mais je pense que c'est celui du tribunal dans le ressort duquel se trouve le détenteur des effets[2]. Cette requête sera répondue, s'il y a lieu, d'une ordonnance du président portant autorisation de saisir. Si cette formalité était négligée, la partie et l'huissier qui aurait procédé à la saisie seraient exposés à des dommages-intérêts ?

Les meubles pouvant facilement disparaître, il fallait prévoir la possibilité de l'urgence; or, l'urgence ne permet pas toujours d'attendre, et un jour peut entraîner la perte d'un droit. Aussi

[1] V. Pigeau, t. II, p. 486 ; Carré, t. III, p. 351.

[2] Voir, en ce sens, Berriat-Saint-Prix, note 2, p. 650 ; Lepage, *quest.* 355.

l'art. 828 autorise-il le juge à permettre la saisie-revendication, même les jours de fête légale.

Les formes de la saisie-revendication sont les mêmes que celles de la saisie-exécution; une seule différence a été faite, et elle consiste dans la faculté de constituer gardien celui chez lequel la saisie-revendication peut être faite. Il est évident, d'ailleurs, que si l'on avait à craindre l'insolvabilité ou une fraude, on pourrait se dispenser de le nommer gardien; car l'art. 830 ne fait que créer une faculté et non une obligation.

La saisie terminée, il faut en faire déclarer la validité par le tribunal du domicile de celui sur qui elle a été faite. Cette demande sera formée par le procès-verbal de saisie ou par un exploit séparé. Si elle était incidente, elle serait formée par un simple acte, comme toutes les demandes de cette nature.

La loi a prévu le cas où le saisi refuserait les portes ou s'opposerait à la saisie. Aux termes de l'article 829, il en doit être référé au juge. En attendant, la saisie est suspendue; mais comme un seul moment de retard pourrait être dangereux, le requérant a le droit d'établir garnison aux portes, pour empêcher le détournement des objets.

THÈSES

I. L'emphytéose peut-elle, sous l'empire du Code civil, être constituée comme droit réel distinct susceptible d'hypothèque? —Non.

II. Est-il nécessaire d'être en possession du gibier pour en être propriétaire? — Non.

III. A qui appartient la propriété des épaves? — A l'État.

IV. Le propriétaire peut-il traiter le constructeur de mauvaise foi comme s'il était de bonne foi? — Non.

V. L'usufruitier qui a fait des constructions sur le fonds soumis à l'usufruit doit-il être traité comme un constructeur de mauvaise foi? —Oui.

VI. A qui appartient le lit des rivières non navigables ni flottables? —A l'État.

VII. Dans le cas prévu par l'art. 549 du Code civil, le titre est-il une condition distincte de la bonne foi? — Non.

VIII. Quel est le sens de la maxime : « *En fait de meubles, la possession vaut titre* » ?

www.ingramcontent.com/pod-product-compliance
Ingram Content Group UK Ltd.
Pitfield, Milton Keynes, MK11 3LW, UK
UKHW021134230726
13926UKWH00002B/787

9 782014 067804